FRIDA KAHLO

SUAS FOTOS

FRIDA KAHLO

SUAS FOTOS

Organização
Pablo Ortiz Monasterio

Tradução
Gênese Andrade

COSACNAIFY

SUMÁRIO

APRESENTAÇÃO

Carlos Phillips

O fideicomisso dos museus Diego Rivera Anahuacalli e Frida Kahlo no Banco do México e seu Comitê Técnico têm o privilégio de apresentar o livro *Frida Kahlo, suas fotos*, com mais de quinhentas fotografias do arquivo do Museu Frida Kahlo. A seleção de obras foi realizada por Pablo Ortiz Monasterio, fotógrafo, editor, curador e promotor de fotografia no México.

O mestre Diego Rivera, ao fazer a doação via Fideicomisso, pediu a dona Dolores Olmedo que o material fosse guardado e se tornasse público quinze anos depois de sua morte. Ela conservou o arquivo durante mais de cinquenta anos. Após seu falecimento, o Comitê Técnico do Fideicomisso decidiu abri-lo, catalogá-lo e torná-lo público. O resgate e a classificação desse material foram possíveis graças à generosidade do Apoyo al Desarrollo de Archivos y Bibliotecas de México (ADABI), instituição presidida por María Isabel Grañén Porrúa e dom Alfredo Harp Helú.

Constituiu-se assim um acervo inédito e valioso, já que por meio dele será possível conhecer com maior profundidade a vida e a obra de Frida Kahlo. Do vasto material encontrado, a seleção aqui apresentada nos permite adentrar a vida familiar e íntima de Frida e conhecer, pelas imagens feitas por seu pai, por outros fotógrafos e por ela mesma, o mundo da artista.

Este livro, publicado em uma coedição com o apoio generoso de Ramón e Javier Reverté, diretores da Editorial RM, agrupa as obras seguindo sete temas principais: “Origens”, “Papai”, “A Casa Azul”, “O corpo dilacerado”, “Amores”, “A fotografia” e “Luta política”, que são acompanhados de ensaios escritos por Masayo Nonaka, Gaby Franger e Rainer Huhle, Laura González Flores, Mauricio Ortiz, James Oles, Horacio Fernández e Gerardo Estrada, especialistas de diversas nacionalidades – Alemanha, Espanha, Estados Unidos, Japão e México – que nos oferecem apreciações do material apresentado.

O Fideicomisso dos museus Diego Rivera e Frida Kahlo realiza assim a vontade do mestre Diego Rivera: resguardar os bens doados ao povo do México e torná-los acessíveis para o melhor conhecimento da obra desses grandes artistas.

★

FRIDA KAHLO, SUAS FOTOS

Hilda Trujillo Soto
Museu Frida Kahlo

Uma das influências decisivas na obra de Frida Kahlo foi a fotografia. Isso se deve ao contato que teve com as imagens por meio da profissão de seu pai e, mais tarde, pela proximidade com artistas da lente, como Tina Modotti, Edward Weston, Nickolas Muray, Martin Munkácsi, Manuel Álvarez Bravo, Lola Álvarez Bravo, Fritz Henle, Gisèle Freund, entre outros.

Com meticulosidade e carinho, Frida acumulou um amplo acervo fotográfico. Embora nele se encontrem imagens que possivelmente tenham sido da família ou de Diego Rivera, foi ela quem teve o cuidado de conservá-las. Para a pintora, essas fotografias foram objetos íntimos e queridos: fez intervenções colorindo-as, imprimindo-lhes beijos, recortando-as ou escrevendo pensamentos nelas; entesourou-as como substitutas de pessoas que amava ou admirava, ou como imagens sugestivas da história, da arte e da natureza.

Graças ao contato com essa técnica surgida no século XIX, Frida Kahlo conheceu e utilizou a potência artística da imagem. Diante ou atrás da câmera, ela soube criar para si uma personalidade forte e definida, e projetá-la por meio de uma linguagem ideal: a fotografia. Sua relação com Nickolas Muray, o renomado fotógrafo de revistas de moda como *Vanity Fair* e *Harper's Bazaar*, ilustra como Frida consolidou essa ligação tão natural que teve com a câmera. Muitas das melhores e mais conhecidas imagens dela foram aquelas obtidas pelo fotógrafo húngaro nacionalizado norte-americano. Entretanto também se destacam, por sua crueza, os retratos que Muray fez de Frida no hospital, pintando com grandes limitações físicas, em contraste com outras nas quais ela é vista, antes das cirurgias, coquete e repreensiva como lhe era natural. Apesar das fortes dores que a quebrantavam, Frida não perdia a fascinação que provocava diante da câmera, um meio que considerou instrumento para refletir sua força vital.

Graças ao acervo que Frida acumulou, hoje é possível constatar que a fixação que o próprio pai tinha pelo autorretrato exerceu influência fundamental na obra da pintora e na maneira como ela sempre posou diante das câmeras. Desde os retratos que o pai tirou dela quando criança, pode-se perceber um surpreendente conhecimento da artista de seus melhores ângulos e poses.

A vista fixa na frente, diretamente na objetiva, é o olhar que refletirá tanto em seus quadros como nos múltiplos retratos que fizeram dela grandes fotógrafos do século XX, como Imogen Cunningham, Bernard Silberstein, Lucienne Bloch, Lola Álvarez Bravo, Gisèle Freund, Fritz Henle, Leo Matiz, Guillermo Zamora, Héctor García, entre outros. Muitas dessas imagens foram publicadas por iniciativa de Claudia Madrazo, no livro *La cámara seducida* (Editorial La Vaca Independiente), em 1992. Da mesma forma, a exposição Frida Kahlo, La Gran Ocultadora (2006-2007), na National Portrait Gallery em Londres e em outros espaços na Espanha, mostrou mais de cinquenta fotografias originais – em certos casos, as únicas cópias existentes – que fazem parte da coleção de Spencer Throckmorton, galerista norte-americano que reuniu durante anos retratos de Frida. Em boa medida, a autoconstrução do personagem que a artista encarnou deve ao meio fotográfico uma forte influência.

Embora em alguma ocasião ela tenha dito taxativamente que não era fotógrafa, mas sim pintora, Frida, como seu pai, conheceu e manipulou com delicadeza os princípios da composição e fez experimentações com o meio fotográfico, como revelam as imagens encontradas nos arquivos da Casa Azul. Três fotos são de sua autoria e foram assinadas por ela em 1929, mas há outras tantas sem assinatura que podem ser atribuídas a ela, dadas as características que também estão presentes em sua pintura. Uma das imagens que Frida rubricou é o retrato de Carlos Veraza, seu sobrinho favorito. As outras duas fotografias são muito sugestivas. A primeira faz alusão ao acidente de trânsito que Frida sofrera aos dezoito anos e que se converteria na obsessão central de sua produção pictórica. A foto mostra uma boneca de pano jogada sobre uma esteira ao lado de um cavalinho levando uma charrete de madeira. A segunda imagem parece uma moderna natureza-morta, em que os objetos foram dispostos para serem fotografados à maneira das composições modernistas de Manuel Álvarez Bravo, Tina Modotti ou Edward Weston.

No conjunto das fotografias não assinadas, uma em particular chama a atenção, por sua evidente intenção visual. Trata-se de uma composição provocante: uma grande caveira feita de cartão e arame, deitada no jardim.

A curiosidade que a artista teve pelo lado técnico da fotografia torna-se evidente em uma carta na qual Tina Modotti assessora a pintora. Modotti responde às perguntas que Frida lhe faz sobre certos aspectos que deverá levar em conta para fazer cópia de três negativos do mural de Diego em Chapingo:

> Recebi suas perguntas neste instante e lhe respondo imediatamente porque bem imagino as dificuldades que você deve ter para fazer as cópias. Se tivesse sabido que você mesma iria fazê-las, teria lhe dado algumas indicações pessoais [...] Só tenho que te recomendar uma coisa. Os filmes pancromáticos devem ser revelados com luz verde, não vermelha, já que o vermelho é a cor mais suscetível para esses filmes.

Do outro lado da moeda, longe do aspecto técnico, a fotografia serviu de reflexo aos afetos e amores de Frida: a pintora fez intervenções em alguns de seus retratos, coloriu imagens ou reproduções de sua obra, como a fotografia do quadro *Autorretrato com vestido de veludo* (1926), que ela de forma carinhosa chamara de "Botticelli", uma tela que a artista dedicara a seu primeiro amor, Alejandro Gómez Arias.

Em outros casos, Frida recortou as fotografias, dobrou-as ou mesmo as rasgou quando se indispôs com algum dos fotografados. Assim ocorreu com Carlos Chávez, que, como diretor do Instituto Nacional de Belas-

Artes, se negou a expor o mural de Diego Rivera, *Pesadelo de guerra, sonho de paz* (1952). Frida lhe enviou uma carta enfurecida de reclamação e o excluiu de seu álbum fotográfico. Outro exemplo é o retrato da pintora com Lupe Marín, segunda esposa de Diego, que Frida dobrou cuidadosamente no meio, separando-se assim da ex-mulher do muralista. Pode-se inferir que a artista expôs o retrato pela metade, ocultando o lado em que Lupe aparecia, mas sem se atrever a rasgá-la, como chegou a fazer com Carlos Chávez.

O estado de saúde de Frida a impediu de passar muito tempo fora ou convocar seus modelos por períodos longos, por isso utilizou fotos para pintar personagens de suas telas. No acervo da Casa Azul foram encontradas, entre muitas outras, fotografias de Stálin que utilizou para fazer seu quadro inacabado *Frida e Stálin* (1954) e *O marxismo dará saúde aos doentes* (1954); retratos da filha de Nickolas Muray, que também utilizou em uma de suas telas; imagens de sua família, das quais se serviu para a árvore genealógica em *Retrato de família* (c. 1950); fotos de seu médico e amigo Leo Eloesser; e fotos de suas mascotes, as quais transpôs em *A veadinha* ou *O cervo ferido* (1946), e nos diversos autorretratos com seu periquito, seu cachorro xoloitzcuintle ou seu macaquinho Fulang Chang.

Frida reproduziu em seus quadros algumas imagens que lhe foram impactantes ou comoventes, como a fotografia de um menino morto sobre uma esteira a qual transpôs na tela *O defuntinho Dimas Rosas* (1937). Frida utilizou inclusive fragmentos fotográficos como fonte para sua pintura, por exemplo, a apropriação de uma imagem da multidão em *Meu vestido está pendurado ali* (1933).

A variedade de fotografias do arquivo dá conta da vivacidade intelectual de uma mulher interessada em temas que vão desde a biologia e a medicina até a história e, em particular, a história da arte. Frida serviu-se da fotografia para fazer um catálogo das imagens que encontrou em livros e revistas, e que depois retomou em suas pinturas. Destacam-se, especialmente, as que a artista tirou de livros de ginecologia para ilustrar a anatomia feminina e os partos.

As fotografias deste livro – uma pequena amostra das milhares que Frida entesourou – revelam as múltiplas utilidades que a pintora deu a elas: são ferramentas que trazem preciosas informações sobre a obra de Kahlo. As imagens constituem um caminho para entender a vida social da Casa Azul e são testemunho da personalidade e inteligência de uma das artistas mais renomadas da atualidade.

★

INTRODUÇÃO

Pablo Ortiz Monasterio

1. Um arquivo fotográfico oculto

No arquivo de Frida Kahlo, há mais de 6 mil imagens que por longos anos repousaram guardadas em armários e cômodas lacrados, ao lado de desenhos, cartas, roupas, remédios e tantas outras coisas. Quando a artista falece, em 1954, Diego Rivera decide doar a Casa Azul ao povo do México para criar ali um museu que celebre a obra de Frida. Pede ao poeta Carlos Pellicer – amigo de ambos – que faça o projeto; seleciona, é claro, as pinturas de Frida, incluindo a que estava inacabada: um retrato de Stálin, que dispõe no ateliê onde Frida pintava, montado no cavalete, junto com seus pincéis e tintas. Seleciona também alguns desenhos, cerâmicas populares, a coleção de ex-votos, um espartilho pintado, livros, algumas fotos, documentos e objetos vários, e guarda o restante. O mítico banheiro da Casa Azul iniciava seu caminho para se transformar no depósito mais importante de Coyoacán e adjacências. Anos mais tarde, Diego Rivera formaliza o presente ao povo do México, que inclui a Casa Azul e o Anahuacalli, um imenso recinto de pedra vulcânica construído sobre o mesmo material, projetado pelo próprio Rivera para abrigar sua coleção de peças pré-hispânicas.

Pouco tempo antes de morrer, Diego pede a sua amiga e testamenteira Lola Olmedo que seu arquivo pessoal não seja aberto até se passarem quinze anos de sua morte; após o tempo determinado, dona Lola decidiu que, se seu amigo Diego não queria abrir o arquivo, ela também não queria. Assim, esse tesouro permaneceu guardado por cinquenta longos anos, dormindo – como no conto da Bela Adormecida –, à espera de um sopro que o devolvesse à vida. O talento e a tenacidade de Hilda Trujillo, atual diretora do Museu Frida Kahlo, encarnaram esse sopro.

Esse arquivo é produto do afinco de Frida, que o guardou, trabalhou e desfrutou. Aqui estão as fotos dela e também muitas que guardou para Diego. Elas refletem de forma clara os interesses que a artista teve ao longo de sua vida atormentada: a família, sua fascinação por Diego e seus outros amores, o corpo acidentado e a ciência médica, os amigos e alguns inimigos, a luta política e a arte, os índios e o passado pré-hispânico, tudo isso envolvido pela grande paixão que nutriu pelo México e pelo mexicano.

Desde criança, Frida esteve perto da fotografia. Seu pai, Guillermo Kahlo, fotógrafo de origem alemã, utilizava uma enorme câmera com delicadas placas de vidro de filme negativo para retratar a arquitetura colonial mexicana, o que fez com precisão e elegância. O então presidente Porfirio Díaz incumbiu-o, para as celebrações do centenário da independência do México em 1910, de documentar o patrimônio cultural da nação com o objetivo de publicar um livro. Devido ao trabalho do pai, Frida familiarizou-se desde pequena com as técnicas fotográficas e com os princípios básicos da composição. As filhas de Guillermo assistiam-lhe no quarto escuro, retocavam com delicadas pinceladas as placas fotográficas e, ocasionalmente, o acompanhavam a fotografar.

Frida entesourou os retratos da família materna e alguns que seu pai trouxe da Alemanha; evidentemente, guardou também os que dom Guillermo tirara dela, de sua mãe, de suas irmãs e de amigos próximos. Sobressaem nesse conjunto os autorretratos que o pai de Frida realizara desde menino e ao longo de toda a sua vida. Dom Guillermo cultivou assiduamente este gênero, que com o passar dos anos seria a ferramenta expressiva fundamental para Frida: seu rosto sobrancelhudo será o espelho em que se refletirão suas preocupações estéticas, políticas e vitais. No conjunto de fotos de Matilde Calderón, a mãe da pintora, descobre-se rapidamente de onde surgiu o gosto e o estilo de Frida para se vestir que, diga-se de passagem, ficou famoso; em certos círculos, Frida era mais conhecida por seus trajes que por seus quadros.

II. Para tê-los perto

Com a invenção da fotografia no início do século XIX, popularizou-se – democratizou-se – o acesso às imagens, as pessoas comuns puderam ser fotografadas e conservar, em superfícies recobertas com emulsões de prata, figuras que mostravam sua aparência com surpreendente fidelidade. Anos depois, em 1854, A. Disdéri patenteou na França a *carte de visite*: um sistema engenhoso para fazer oito retratos pequenos em uma placa só, com o qual nasce o costume de trocar retratos. Frida e Diego participaram com prazer desta, já então, velha prática. Trocaram e colecionaram retratos de seus amigos próximos e de grandes figuras que admiraram ou difamaram, como Porfirio Díaz e Zapata, Lênin e Stálin, Dolores del Río e Henry Ford, André Breton e Marcel Duchamp, José Clemente Orozco e Mardonio Magaña, Índio Fernández e Pita Amor, Nickolas Muray e Georgia O'Keeffe, entre muitos outros.

Em cartas escritas por Frida, é patente o interesse pelos retratos de amigos e conhecidos, como ela mesma dizia, "para tê-los perto" e talvez assim exorcizar a solidão. As fotos também lhe servem como modelo. Em 1927, escreve a seu namorado de juventude, Alejandro Gómez Arias:

> Domingo que vem papai vai me retratar com "cañita" para eu te mandar sua efígie, hein? Se puder tirar uma fotografia bonita lá, me mande, assim, quando eu estiver um pouquinho melhor, faço seu retrato.

De Detroit, em 1933, escreve à senhora Rockefeller:

> Não tenho palavras para lhe agradecer as maravilhosas fotografias das crianças que me enviou [...] Não posso esquecer o rostinho doce do bebê de Nelson, e a fotografia que a senhora me mandou está pendurada agora na parede do meu quarto.

III. Alcançar a eternidade no instante

A primeira metade do século XX foi uma época de extremos. Gestaram-se revoluções e guerras mundiais, movimentos artísticos radicais e vanguardas surpreendentes. Nesse período, a fotografia assume um papel central na cultura como meio de comunicação e como expressão artística.

Frida Kahlo conheceu alguns dos grandes nomes da época e foi fotografada por eles: Nickolas Muray, Martin Munkácsi, Manuel Álvarez Bravo, Fritz Henle, Gisèle Freund, Edward Weston, Lola Álvarez Bravo, Pierre Verger, Juan Guzmán e um longo *et cetera*. Em seu arquivo, conservam-se obras destes e de outros, não tanto os retratos que fizeram da pintora, e sim notáveis fotografias de autoria deles. Paradoxalmente, nessa rica coleção não há tantos retratos de Frida como se poderia esperar; é possível supor que ela retribuía os envios de seus amigos, ofertando-lhes suas próprias fotos; as que ela deu de presente a Diego, sim, foram guardadas. Não consta o formidável retrato que Martin Munkácsi fez para a revista *Life* dos rostos – em *close-up* – de Frida e Diego, mas sim a do gato preto eriçado que Frida reproduziu no quadro *Autorretrato com colar de espinhos e colibri*, de 1940, e a famosa foto do motociclista atravessando um pântano – duas imagens emblemáticas do mestre húngaro Martin Munkácsi. Henri Cartier-Bresson disse sobre uma foto de Munkácsi: "Com seu trabalho, me fez compreender que a fotografia podia alcançar a eternidade no instante".

Muitas fotos desse arquivo têm inscrições: nomes, datas – algumas delas riscadas e reescritas, como as de Frida criança (já adulta, quando decide subtrair três anos de sua idade, reescreve as datas de algumas fotos para que se ajustem a seu propósito rejuvenescedor) –, recados, contas e marcas de batom com os lábios de Frida estampados, acrescentando-lhes conteúdo amoroso.

Há uma foto pequenina, muito íntima, de seu pai, dom Guillermo, já idoso, sentado e com olhar triste, na qual está escrito: "Herr Kahlo depois de chorar"; ao usar a palavra *Herr*, do alemão – que o dicionário traduz como senhor, amo, patrão, cavalheiro –, referindo-se a seu "papasito [*sic*] lindo", descreve a situação anímica com crueza e um toque de ironia; manifesta a estratégia que a pintora tanto usara para enfrentar a dor, própria e alheia, como se, ao nomear, escrever ou pintar as coisas dolorosas com total franqueza, a dor fosse exorcizada ou pelo menos se tornasse mais tolerável. Ida Rodríguez acertou no alvo fridiano quando escreveu: "A verdade dita de tal maneira que parece mentira".

Se observarmos a foto de *Herr* Kahlo, ou aquela de Frida com a cabeça apoiada no espaldar de uma poltrona e o olhar ensimesmado, poderemos imaginar os momentos de soçobro que os Kahlo enfrentaram ao longo da vida. Frida procurou e guardou testemunhos visuais disso, talvez inclusive tenha sido ela quem propôs fotografá-los para poder olhá-los de frente, nomeá-los e, se possível, reciclá-los por intermédio do trabalho artístico. A dor física e o sofrimento foram estímulo artístico; a ironia, a beleza e a paixão, ferramentas expressivas; e a dolorosa autobiografia, a base de tudo para ser pintada, fotografada ou escrita tal como é: bela e crua.

IV. A pintora tira fotos

O interesse de Frida pela fotografia surgiu cedo em sua vida, motivado talvez pelo carinho e admiração que tinha por seu pai. A identificação e proximidade de Frida com dom Guillermo se manifestam na carta que ele lhe escreveu quando ela estava em Detroit em 1932: "[...] receba carinhosas saudações de parte de seu agradecido papai, que a ama muito, você já sabe, não? Embora isso cause um pouco de inveja às demais". Meses mais tarde, Frida escreveu no verso de uma foto que mandou a ele: "Papasito lindo: Aqui vai sua Friducha para que a tenha na frente da sua escrivaninha e nunca a esqueça".

Em sua casa, sempre houve uma câmera; registravam-se momentos importantes, lugares pitorescos, reuniões com os amigos, objetos, animais e pessoas que pudessem ser utilizados como modelo na pintura. Vemos as fotos de sua sobrinha Griselda com Granizo – a veadinha que tiveram por um tempo na Casa Azul –, atribuídas a Nickolas Muray; devem ter sido de grande ajuda a Frida quando pintou o emblemático quadro *A veadinha*, em 1946. Hayden Herrera escreve no catálogo da exposição de Frida na Espanha, em 1985:

> Além das bonecas, que colecionou avidamente, Frida encontrou outros substitutos dos filhos, por exemplo, seus numerosos animais. Nos autorretratos, seus acompanhantes mais frequentes eram os macacos. Embora os traços simiescos mostrem uma engenhosa correspondência com os seus, e pareça consolá-la, o que realmente conseguem é acentuar sua solidão. A mobilidade dos macacos não faz senão intensificar a explosiva energia que o espectador percebe sob a pele de Frida. Os macacos não preenchem sua vida, ressaltam os vazios que há nela.

Uma das grandes surpresas deste arquivo são as quatro fotografias de 1929 assinadas por Frida Kahlo. Em 1929, Frida casou-se com Diego e viajou aos Estados Unidos. Foi um ano crucial em sua vida. Certamente Frida tirou muito mais fotos, como a do edifício em Nova York em *contre-plongée* ou do Judas caveira deitado de lado, que serviu de modelo para o quadro *O sonho*, de 1940. Não sabemos com certeza se foram tiradas por Frida, o que fica claro é que muitas fotos do arquivo se relacionam com seu trabalho pictórico; se não foram tiradas por ela, foram recicladas em seu trabalho. As fotos que assinou são um retrato e duas naturezas-mortas (objetos dispostos para serem fotografados), feitos à maneira das composições modernistas de Weston, Tina Modotti, Manuel Álvarez Bravo e Agustín Jiménez. Há uma quarta foto, de um cachorro, que sabemos que foi tirada por Frida, pois no verso escreve a Diego: "Irmãzinho: está um pouco triste porque estava dormindo e a levantei para retratá-la, mas diz que sonhava que Diego viria logo. O que você acha? Manda-lhe muitos beijos e a Chaparra também". A foto da boneca de pano e a charrete com cavalinho de madeira sobre a esteira, além de ter o selo das composições modernistas, tem a marca da autora, presente em quase toda a sua obra, sejam pinturas, desenhos, textos e agora também em fotografias: por um lado, uma vontade narrativa de comunicar fatos traumáticos de sua própria experiência, por outro, a obsessão pelo corpo dilacerado, prostrado.

A câmera sempre foi familiar a Frida Kahlo, tem-se a impressão de que se sentia confortável diante dela, aprendeu a olhar para a lente para transmitir o que desejava, conseguiu construir uma imagem de si mesma por meio da fotografia. Gosto de considerar o conjunto de retratos fotográficos que fizeram de Frida ao longo de sua vida como outra de suas obras-primas. A pintora escreveu com clareza sua estratégia diante da câmera: "Sabia que o campo de batalha do sofrimento se refletia em meus olhos. Desde então, comecei a olhar diretamente para a lente, sem piscar, sem sorrir, decidida a mostrar que seria uma boa lutadora até o final".

v. O corpo dilacerado

Frida Kahlo é ao mesmo tempo como Blanche DuBois e Stanley Kowalski, interpretados por Vivien Leigh e Marlon Brando no filme *Um bonde chamado desejo*, de Elia Kazan. É frágil e patética como Blanche DuBois, forte e sedutora como Stanley Kowalski, ela em si mesma é *um bonde chamado desejo*, tolhida por um acidente.

Em uma carta dirigida ao engenheiro Eduardo Morillo em 1946, Frida escreve sobre o quadro intitulado *Árvore da esperança, mantenha-se firme*:

> Já estou quase terminando seu primeiro quadro que, evidentemente, não é senão o resultado da maldita operação! Nele estou – sentada à beira de um precipício – com o colete de aço na mão. Atrás estou em uma maca deitada – com o rosto para uma paisagem –, um pedaço das costas descoberto em que se vê a cicatriz das facadas que os cirurgiões me deram, "filhos de sua... recém-casada mamãe". A paisagem é de dia e de noite, e há um "esqueleto" (ou morte) que foge apavorado diante da minha vontade de viver.

No arquivo que Frida custodiou zelosamente, há uma série de pequenas impressões em preto e branco da pintora na cama, as quais usou como referências para pintar o quadro de Morillo. Percebe-se nelas a impressão de que Frida viveu boa parte de sua vida na cama: pintava, socializava, falava por pesados telefones Ericsson, ria, chorava, comia, sonhava e sobretudo padecia prolongadas e intensas dores. Carlos Monsiváis resume com clareza:

> No desenvolvimento de Frida Kahlo, não só há o aperfeiçoamento artístico e cultural, possíveis por seu vasto talento, relações com pessoas de todos os lugares e pela fineza de sua sensibilidade, mas também, e muito essencialmente, esse soltar amarras que é produto do sofrimento incontrolável e da contemplação da realidade através da dor.

Da revisão minuciosa desse formidável arquivo, surgirão novas versões da lendária pintora de Coyoacán. Por enquanto, oferecemos este conjunto de fotos em que se pode escutar a voz de Frida que sussurra: "Viva a vida".

★

I

ORIGENS

A INFLUÊNCIA MATERNA EM FRIDA KAHLO*

Masayo Nonaka

Desde que Frida Kahlo (1907-54) se tornou uma das artistas mais reconhecidas do século XX, historiadores da arte deram atenção principalmente à influência de seu pai, Guillermo Kahlo (1872-1941), e de seu marido, Diego Rivera (1886-1957). O pai de Kahlo foi o responsável por apresentá-la à pintura e à fotografia, e por abrir-lhe os olhos para a natureza e a arqueologia mexicanas, assim como para a filosofia, a literatura e a arte alemãs. Diego Rivera foi a pessoa mais importante na vida de Frida. Como um dos três grandes muralistas mexicanos, ele foi a influência decisiva em sua carreira artística. Profundamente cúmplices, ele e Frida forjaram um relacionamento tempestuoso e partilharam muitos interesses e ideais.[1] A mãe de Frida, Matilde Calderón (1876-1932), no entanto, foi negligenciada no registro biográfico, sem dúvida em razão de seu caráter conservador e por sua personalidade devota. Algumas fotografias descobertas recentemente fornecem uma chave para reformular o papel que ela desempenhou na vida e na arte de Frida.

---

* Tradução do inglês por Otacílio Nunes.

1. Sou imensamente grata a minhas principais fontes de informação sobre a vida de Frida Kahlo: *Frida: A Biography of Frida Kahlo* (Nova York: Harper & Row, 1983), de Hayden Herrera, e entrevistas feitas por Raquel Tibol, incorporadas em seu *Frida Kahlo: An Open Life*, traduzido por Elinor Randall (Albuquerque: University of New Mexico Press, 1993).

1. A genealogia de Frida Kahlo

Magdalena Carmen Frida Kahlo y Calderón foi a terceira filha de Guillermo Kahlo e Matilde Calderón y Gonzalez. Os antepassados maternos de Frida eram *mestizos*, considerados o povo autêntico da nação mexicana. Sua avó, Isabel Gonzalez y Gonzalez, era filha de um general espanhol, e seu avô, Antonio Calderón, era um fotógrafo profissional de ascendência índia de Morela, no estado de Michoacán. Matilde, a mãe de Frida, nasceu em Oaxaca,[2] a mais velha de doze irmãos. Casou-se com Guillermo Kahlo, um descendente de judeus húngaros que emigrou para o México em 1891.[3] O trágico envolvimento anterior de Matilde com um jovem alemão[4] pode ter influenciado seu casamento com outro alemão. As fotografias de Guillermo e Matilde tiradas no campo (pp. 50, 51) documentam um casal feliz, embora, segundo a própria Frida, seus pais não fossem

---

2. H. Herrera, op. cit., p. 6. Todavia, Raquel Tibol menciona em sua entrevista com Frida que Matilde nasceu na Cidade do México. R. Tibol, op. cit., p. 31.

3. Hayden Herrera e Raquel Tibol reconstruíram a vida inicial de Frida como segue: Wilhelm (Guillermo) Kahlo nasceu em Baden-Baden, Alemanha. Seus pais eram judeus húngaros de Arad, Hungria, hoje parte da Romênia: Jakob Heinrich Kahlo, um joalheiro que comerciava materiais fotográficos, e Henriette Kaufmann Kahlo. Quando era estudante em Nuremberg, ele sofria de epilepsia. Mais ou menos na mesma época, sua mãe morreu e o pai se casou de novo, contribuindo para sua decisão de emigrar para o México. Ver H. Herrera, op. cit., pp. 5-6, e R. Tibol, op. cit., pp. 31-32.

   No entanto, uma pesquisa recente de Gaby Franger e Rainer Huhle concluiu que Guillermo Kahlo era alemão sem nenhuma ascendência judia ou húngara. Ver Gaby Franger & Rainer Huhle, *Fridas Vater: Der Photograph Guillermo Kahlo*. Munique: Schirmer/Mosel Verlag, 2005, pp. 11-15, pp. 45-47 e p. 242. Agradeço a Pablo Monasterio e especialmente a Rainer Huhle por me informarem sobre essa pesquisa.

4. De acordo com as recordações de Frida, quando ela tinha onze anos, Matilde lhe mostrou um livro encadernado em couro russo, onde guardava cartas de Ludwig Bauer, um jovem pretendente alemão. Na última página do livro, havia uma nota dizendo que Bauer cometera suicídio na presença dela para provar seu amor. R. Tibol, op. cit., p. 39; Salomon Grimberg, *Frida Kahlo*. North Dighton, MA: JG Press, 2006, p. 6.

particularmente íntimos. Foi provavelmente em algum momento do começo da década de 1930 que Frida concebeu um plano para "fazer uma série de quadros de cada ano de sua vida"[5] e executou três obras baseadas em sua infância na Casa Azul. Uma delas é *Meus avós, meus pais e eu* (1936), na qual retratou sua genealogia realizando uma interpretação imaginativa de suas lembranças. As fotografias da família claramente lhe forneceram uma ajuda pictórica para reconstruir o passado. Ela retratou os pais baseada na fotografia original do casamento deles, situados no centro da árvore genealógica. Frida aparece quando criança no pátio da Casa Azul, segurando uma "fita de linhagem" que liga os retratos de seus avós paternos e maternos.

As fotografias de Isabel, sua avó materna, mostram uma decente senhora espanhola criada em convento. Na fotografia tirada em 1910 (p. 37), que segue uma convenção fotográfica antiquada, ela está sentada em uma pose sonhadora romantizada, acompanhada pela prima María, ao passo que em fotografias posteriores ela tem a aparência de uma matrona, com queixo bastante proeminente e olhar forte (pp. 39, 41, 48-49).

Frida pintou a avó materna como uma mulher simples de província, diferente de sua aparência nas fotografias. O avô materno, porém, é pintado como uma reprodução fiel do registro fotográfico.[6] Talvez Frida pretendesse tornar a avó uma companheira adequada para o marido índio. Para Frida, a herança índia era fonte de grande orgulho e autoconfiança.

---

5. Parker Lesley, "Transcription... Conversations with Frida Kahlo de Rivera", p. 2, citado por Gannit Ankori, *Imaging Her Selves, Frida Kahlo's Poetics of Identity and Fragmentation*. Westport/Connecticut/Londres: Greenwood Press, 2002, p. 63.

6. Este é um dos aspectos ambíguos das fontes no arquivo; o texto escrito à mão diz "Meu avô, Jose Calderón de la Barca", e esse nome não foi identificado como Antonio Calderón, avô de Frida.

II. A Matilde tehuana

As duas fotografias das famílias maternas de Frida são um registro significativo das diferenças culturais entre os dois ramos da ascendência de sua mãe. Na foto da família materna espanhola de Matilde (pp. 48-49), ela está de pé, a segunda a partir da esquerda, usando um traje europeu, com a mãe, irmãos e irmãs, em um ambiente espanhol. Um retrato anterior, da família paterna de Matilde, tirado em 1890 (pp. 42-43), registra o ambiente *mestizo* característico de seu pai. Matilde, uma jovem de cabelo comprido, está sentada ereta na primeira fileira, na extrema esquerda, vestida como uma tehuana,* na frente de uma distinta velha senhora, possivelmente sua avó índia, ou uma tia-avó, e rodeada de tias, irmãs e primas.[7] Todas as mulheres, exceto três, usam trajes tehuana tradicionais, que representam "uma herança cultural mexicana indígena autêntica e independente". Seus componentes são "uma saia comprida de cores fortes, com uma barra larga franzida de renda, uma anágua branca e uma *huipil*** ou blusa curta decotada, e pesados colares de correntes de ouro, tradicionalmente o dote ou fortuna da usuária exposto em joias", e "a *huipil* de cabeça característica, um adorno de cabeça de renda plissada e engomada".[8]

---

* Pertencente ou relativo a Tehuantepec, distrito do estado de Oaxaca, no México. [N.T.]

7. O arquivo que contém essas fotografias foi mantido fechado por mais de meio século desde a morte de Frida. As pessoas nas fotografias bem como aquelas que tinham parentesco com elas estão mortas. É necessário mais tempo, e pesquisa extensiva, para identificar todas as pessoas que aparecem nas fotografias e para decifrar vários aspectos ambíguos relacionados a elas. Quanto ao retrato de família, uma hipótese é que os pais de Matilde estejam ali incluídos. A mãe de Matilde, Isabel, poderia ser a senhora sentada à direita ou à esquerda da velha senhora que está na fileira do centro usando um traje europeu, e Antonio Calderón, seu marido, poderia ser o senhor de pé na extrema direita da primeira fileira, ou o terceiro a partir da direita na mesma fileira.

** *Huipil*: espécie de ornamento, próprio dos trajes indígenas. [N.T.]

8. Tanya Barson, "All Art is at Once Surface and Symbol: A Frida Kahlo Glossary", no catálogo da exposição *Frida Kahlo* (Londres: Tate Gallery, 2005), p. 77.

> As mulheres tehuana são conhecidas pela beleza, pela inteligência e pelo caráter forte, e sua sociedade se baseia em um sistema matriarcal, em que as mulheres administram os mercados e lidam com as questões fiscais, enquanto os homens executam o trabalho físico.[9]

Esse retrato de família mostra que Matilde foi criada entre mulheres corajosas e resolutas em um ambiente matriarcal. Frida, que costumava usar trajes semelhantes, identificava-se com essas mulheres tehuana fortes e destemidas. Em sua biografia de Frida Kahlo, base para o subsequente estudo acadêmico de Frida, Hayden Herrera escreve que

> em certo sentido, é claro, Frida preferia se vestir como uma tehuana pelo mesmo motivo que adotou o mexicanismo: agradar a Diego. Rivera gostava dos trajes tehuana; ele viajava com frequência para o istmo para pintar seu povo trabalhando e se divertindo, e diz-se que um de seus vários casos amorosos durante o período em que cortejou Frida era uma beldade tehuana.[10]

Mas este antigo retrato de família traz uma revelação importante. Foi muito provavelmente Matilde, antes de Rivera, a responsável por incutir em Frida o amor pelos trajes tehuana e por iniciar seu fascínio e sua identificação com o passado histórico, cultural e folclórico que eles representam.

O retrato também propicia outro *insight* interessante. Frida pretendia retratar sua dupla herança – mexicana e europeia – em *As duas Fridas* (1939), analisando seu conflito emocional com Rivera. Curiosamente, uma senhora com traje europeu, na fileira do meio, a segunda a partir da esquerda na fotografia da família, parece idêntica à imagem da "Frida europeia" na pintura; usando o que parece ser um vestido branco vitoriano, ela está sentada ligeiramente voltada para a esquerda com as mãos

---

9. T. Barson, loc. cit., p. 77; H. Herrera, op. cit., p. 109.

10. H. Herrera, op. cit., p. 111.

cruzadas sobre a saia. No pescoço ela traz um pingente grande que cai sobre o corpete de renda, ao passo que na pintura Frida tirou o corpete e substituiu o pingente por uma ilustração anatômica de um coração defeituoso. É provável que tenha traçado sua identidade dual por meio dessas fotografias históricas.

III. Frida como filha de sua mãe

Depois do casamento com Guillermo Kahlo, Matilde manteve uma casa matronal em moldes tehuana, e estimulou o marido, um forasteiro na sociedade mexicana, a seguir uma carreira profissional.[11] Mandou as duas enteadas para um convento,[12] e em dez anos deu a Guillermo quatro filhas, Matilde (c. 1898-1951), Adriana (c. 1902-1968), Frida e Cristina (1908-64),[13] que criou em circunstâncias difíceis.[14] Embora analfabeta, ela era inteligente, e compensava a carência de educação com devoção, que tentou transmitir às filhas.[15]

Frida era um espírito análogo à mãe. Ela se recordava da "mãe como uma campânula de Oaxaca. Quando ia ao mercado, prendia o cinto com graça e

11. Guilherme Kahlo tirou fotografias de prédios e monumentos historicamente significativos ao lado daqueles construídos durante a época de Porfirio Diaz, e tornou-se o primeiro fotógrafo oficial do patrimônio cultural do México. H. Herrera, op. cit., p. 7; R. Tibol, op. cit., p. 34.

12. Ela mandou Maria Luisa e Margarita para o convento Tacuba, em Cuernavaca, autorizando-as a visitar esporadicamente a casa. R. Tibol, op. cit., p. 32.

13. De acordo com Salomon Grimberg, ela deu a Guillermo cinco filhos, dos quais o terceiro – e o único menino – morreu dias depois do nascimento. S. Grimberg, op. cit., p. 9.

14. Guillermo perdeu suas comissões fotográficas devido à Revolução Mexicana e à década de guerra civil que a ela se seguiu. H. Herrera, op. cit., p. 12.

15. R. Tibol, op. cit., p. 31. Matilde também "ensinava às filhas habilidades e boas maneiras domésticas que faziam parte da criação mexicana tradicional". H. Herrera, op. cit., p. 12.

carregava a cesta de um jeito faceiro".[16] A fotografia da jovem Matilde (p. 45) em um traje regional com fitas e pétalas de flores corresponde à recordação de Frida. Outro retrato de Matilde em um traje exuberante (p. 47), que ela mesma pode ter costurado, sugere que Frida herdou de Matilde a capacidade de improvisar e costurar suas próprias roupas, além do amor por se vestir com trajes regionais e o gosto por chamar a atenção. Este retrato mostra também que Frida herdou da mãe sua característica física mais marcada: as sobrancelhas grossas e unidas.

Frida teve com a mãe um relacionamento próximo mas complexo. Como disse, "minha mãe era para mim uma grande amiga, mas as coisas religiosas nunca nos aproximaram; ela chegava a ponto de ficar histérica por sua religião".[17] A fotografia de Frida na primeira comunhão (p. 61) reflete os harmoniosos ano s com a mãe devota, observando convenções católicas, como suas irmãs, que estudavam em escolas de convento. No entanto, Frida era a filha brilhante de um casamento misto em termos culturais, e seu pai alemão a estimulou a ser intelectualmente independente. Quando ela terminou o jardim de infância, ele a mandou para uma escola alemã, seguida da Escola Preparatória Nacional. As fotografias de Frida nos tempos de escola (pp. 62-63, 65) a mostram como uma inteligente garota da cidade.

Sua educação progressista na adolescência, ao lado da participação em um grupo estudantil ativista, Los Cachuchas, transformou Frida em uma mulher moderna contestadora, comprometida com questões sociais, completamente envolvida com o nacionalismo e a ideologia comunista. Embora a revolta contra

---

16. R. Tibol, op. cit., p. 39. Sobre Matilde, Frida também contou a Tibol: "Minha mãe era amiga das fofocas, das crianças e das mulheres idosas que costumavam ir a nossa casa rezar seus terços. Durante a Década Trágica [a Revolução Mexicana] minha mãe abria as janelas da sacada na rua Allende e recebia os zapatistas [seguidores de Emiliano Zapata]. Ela cuidava de seus ferimentos e dava aos famintos *tortillas* de milho, a única comida que conseguia encontrar em Coyoacán naquela época". R. Tibol, op. cit., p.30.

17. R. Tibol, op. cit., p. 39. Salomon Grimberg nota um exemplo impressionante da personalidade inflexível e da fé católica de Matilde: "Durante a Revolução, quando todas as igrejas tinham sido fechadas, ela escondia o padre local e realizava a missa em sua casa, apesar de saber do risco – pena de morte". S. Grimberg, op. cit., p. 9.

o conservadorismo da mãe tenha se intensificado e Frida tenha desenvolvido em relação a ela sentimentos ambivalentes de amor e desdém, uma parte de sua complexa individualidade estava profundamente ligada a Matilde.[18]

Ainda que Frida não percebesse, a mãe era uma encarnação de suas emoções conflitantes, desejos racionais e irracionais, e sua adoção da feminilidade, da maternidade, da natureza, e da alma do México. Quando a mãe morreu, "Frida não parava de soluçar. Foi terrivelmente triste para ela".[19] Fotografias de Frida dessa época mostram-na com uma expressão angustiada, e "há uma escuridão em seus olhos, a inequívoca escuridão do pesar".[20]

Rivera comentou que "a herança alemã do pai dela, o construtor-destruidor analítico e cético desiludido, predominava, apagando a influência espanhola-índia da mãe".[21] Ainda assim, a herança materna floresceria, ao lado da influência paterna, e viria a ser um recurso de imagens extremamente rico no trabalho de Frida. Analisando sua vida e a si própria com sua mente germânica, ela inventou uma série de autoimagens complexa, singular e incomparável. Elas são ao mesmo tempo pessoais e relacionadas a figuras femininas enraizadas na memória coletiva histórica, religiosa e folclórica do México, como "La Llorona, La Malinche, a Virgem (A Virgem de Guadalupe e a Mater Dolorosa), a saudável tehuana, e, em termos mais gerais, os papéis de esposa, mãe e *chingada*".[22]

★

18. Kahlo não foi amamentada pela mãe, mas por uma ama de leite índia. Sobre seu "trauma de infância", ver S. Grimberg, op. cit., pp. 11-12.

19. H. Herrera, op. cit., p. 156.

20. H. Herrera, op. cit., p. 156. Sobre os profundos laços afetivos entre as mulheres da família Kahlo, ver Luis-Martín Lozano, *Frida Kahlo, El círculo de los afectos*. Colombia: Cangrejo Editores, 2007.

21. Diego Rivera, "Frida Kahlo and Mexican Art" [1943], reimpresso no catálogo da exposição *Frida Kahlo and Tina Modotti*, ed. Laura Mulvey e Peter Wollen. Londres: Whitechapel Art Gallery, 1982, p. 37, e citado em T. Barson, loc. cit., p. 69.

22. T. Barson, loc. cit., p. 66. [*Chingada* é uma gíria mexicana de conotação sexual, N.E.]

Guillermo Kahlo
MEXICO.

Página anterior: Frida aos dois anos.
Foto: Guillermo Kahlo.

No verso: "Parentes de meu avô".

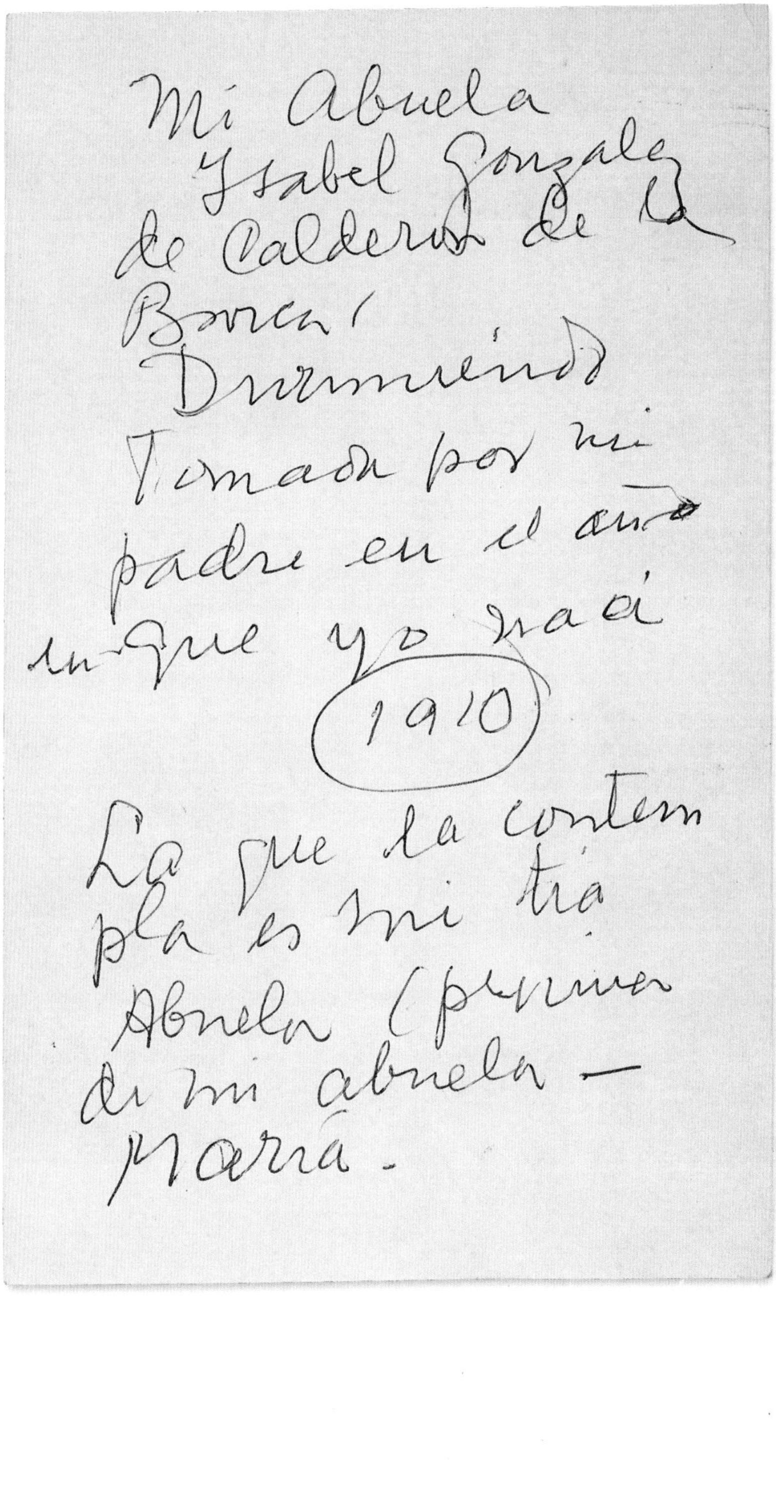
Mi Abuela
Isabel Gonzalez
de Calderón de la
Barca!
Durmiendo
Tomada por mi
padre en el año
en que yo nací
1910
La que la contem
pla es mi tía
Abuela (prima
de mi abuela —
María.

No verso: "Minha avó Isabel González de Calderón de la Barca dormindo. Tirada por meu pai no ano em que eu nasci, 1910. A que a contempla é minha tia-avó (prima de minha avó, María)".

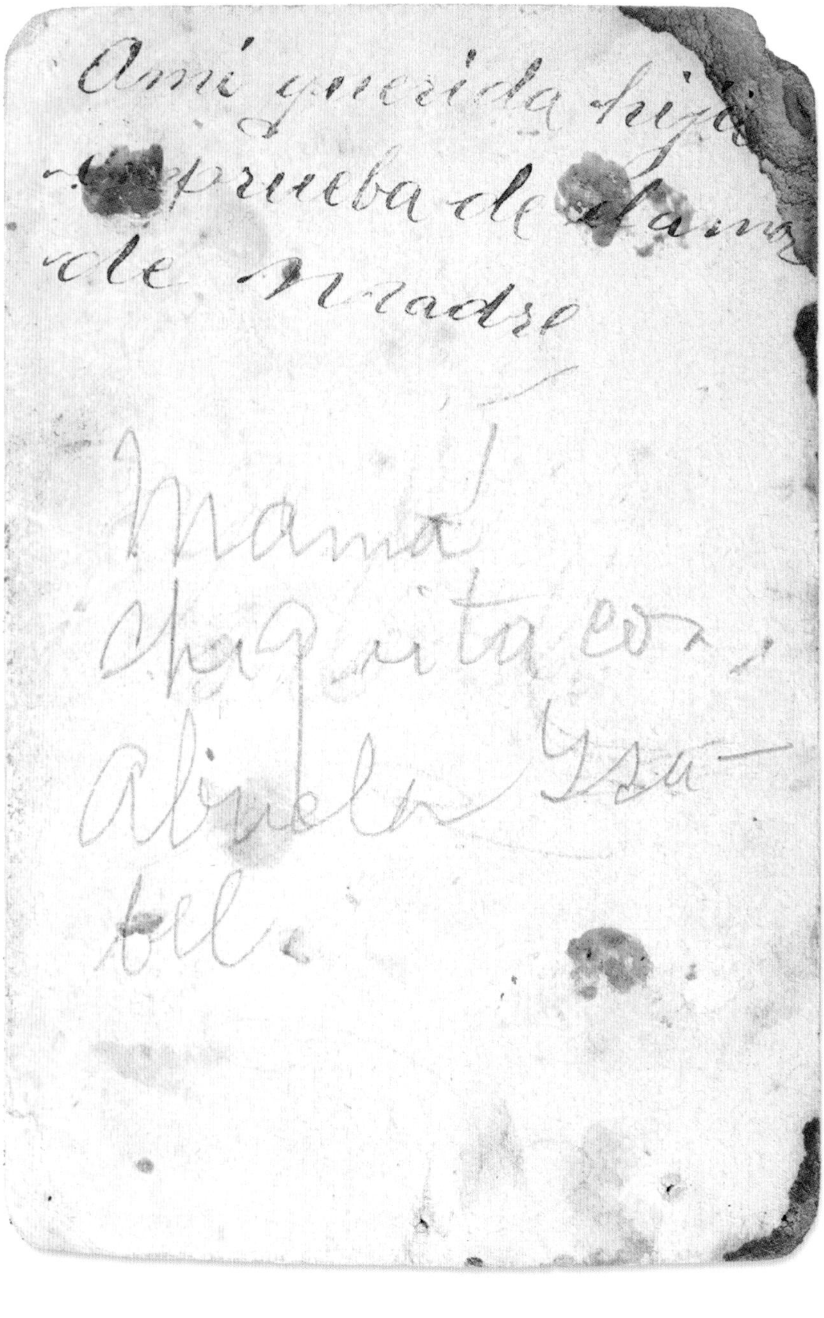

Ami querida hija
en prueba de amor
de madre

Mamá
Chaquita con
abuela Ysa-
bel.

Matilde Calderón com sua mãe Isabel González.
No verso: "À minha querida filha como prova do amor de mãe". "Mamãe pequenina com vovó Isabel."

No verso: "Meu avô José Calderón de la Barca".

Isabel González y González. No verso:
"Minha avó espanhola de Castilla la Vieja
Isabel González y González".

mamá
(Oaxaca)
Matilde
Calderón
7 años edad
1890
ahora de Kahlo
con cuatro hijas
Matita Adri. Frida

Página anterior: "Mamãe (Oaxaca) Matilde Calderón 7 anos de idade 1890. Matilde Calderón agora de Kahlo, com quatro filhas Matita, Adri, Frida e Cristi".
Foto: Ricardo Ayluardo.

Matilde Calderón y González, c. 1897.
Foto: Guillermo Kahlo.

Guill.º Kahlo

Matilde Calderón y González.

Matilde Calderón com fantasia.

 Família Calderón González. No verso: "A vovó Isabel com seus filhos". A segunda da esquerda para a direita é Matilde.

Matilde Calderón e Guillermo Kahlo.

Guillermo Kahlo, Matilde Calderón
e pessoa não identificada.

Retrato de casamento de Matilde Calderón e Guillermo Kahlo, 21 de fevereiro de 1898.

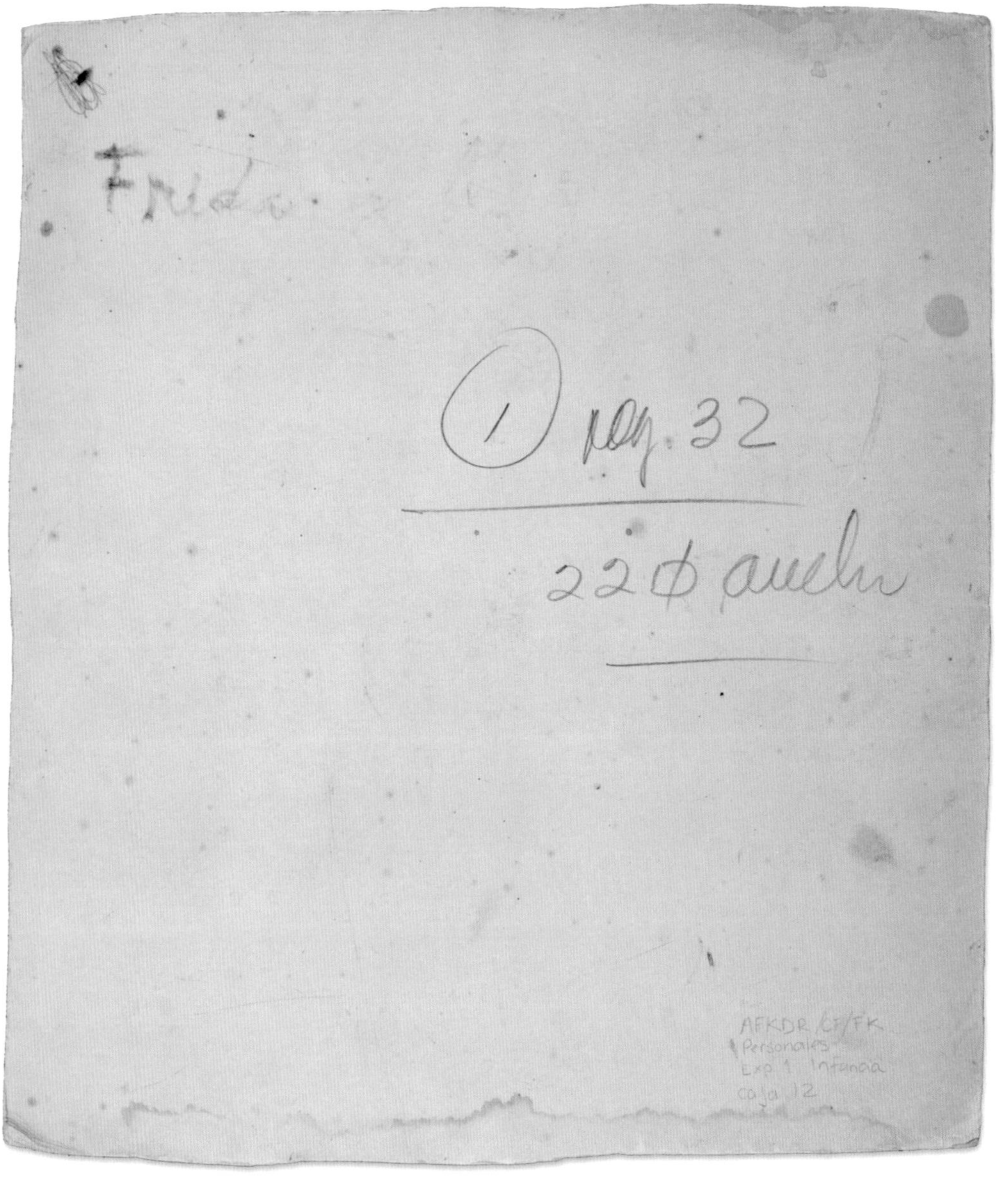
Frida
1 pag. 32
AFKDR/CF/FK
Personales
Exp 1 Infancia
caja 12

Frida aos cinco anos.

Frida, destacada com moldura vermelha. No verso:
"Lembrança do colégio de Julita, Fridy 4 anos e Cristy 3 anos".

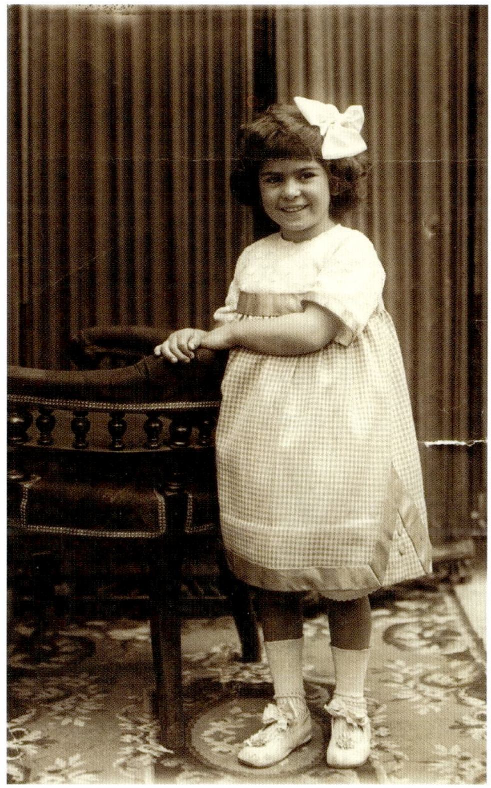

Frida. No verso: “Idade quatro anos, 1913”.

As irmãs Kahlo Calderón. Da esquerda para a direita: Cristina, Adriana, Matilde e Frida. No verso: "Idade Fridy 10 anos". Foto: Guillermo Kahlo.

Frida, 15 de junho de 1919. No verso: "Idade 9 anos".
Foto: Guillermo Kahlo.

Cuando hizo su primera comunión.
¡IDIOTA!

No verso: “Friduchita em 1920 quando fez sua primeira comunhão, de 10 anos de idade”. “Idiota!”

Frida, na segunda fileira, de cima para baixo, na ponta da direita, de vestido cinza e mãos na cintura.

"Frieda 14 anos." No verso: "Frida Kahlo. 14 anos 1923.
Escuela Nacional Preparatoria. México".

Da esquerda para a direita: Saavedra, Azuela, Frida,
De la Garza, La Reynita, Carlos X e Veintimilla, c. 1922.

Carlos Veraza, Alfonso Rouaix, Frida, Consuelo Navarro
e Cristina, na Casa Azul, 2 de novembro de 1926.
Foto: Guillermo Kahlo.

Frida Kahlo, c. 1931.

Matilde Calderón de Kahlo. "Quando virem este retrato, lembrem-se como sua mãe amou cada uma de vocês. 7/02/1919". Foto e legenda: Guillermo Kahlo.

II

PAPAI

O PAI MISTERIOSO

Gaby Franger / Rainer Huhle

"Frida's Pa is a dear. Very fussy, deaf and shabby and Schopenhauery" [O pai de Frida é um querido. Muito meticuloso, surdo e mesquinho e Schopenhaueriano]. Assim Lucienne Bloch descreveu em seu diário o pai de sua amiga íntima Frida, depois de passar um mês inteiro na Casa Azul, acompanhando os Kahlo em sua dor pela perda de Matilde Calderón, mãe de Frida, em 1932. Lucienne mostra Guillermo Kahlo como uma pessoa um pouco deslocada, que tinha como únicas paixões o xadrez, a música de Beethoven e a cultura alemã em geral. *"Even though he has been 40 years here he is still the German romantic"* [Mesmo estando há quarenta anos aqui, ele ainda é o alemão romântico], acrescentou.

Mas realmente deveríamos imaginar o pai de Frida como um tipo raro, às vezes carinhoso e outras vezes resmungão, um ancião estrambótico tal e qual costumam descrevê-lo certas biografias de Frida? Um olhar mais atento à sua vida e às fotografias recém-descobertas na Casa Azul revela que também existiu outro Guillermo Kahlo.

* * *

Em 12 de maio de 1890, no porto de Hamburgo, somente um passageiro embarcou no cargueiro *Borussia* com destino a Veracruz. Nos documentos da alfândega, aparece seu nome: Carl Wilhelm Kahlo. Décadas antes, o pai de Wilhelm, Jakob Heinrich Kahlo, havia deixado a empresa familiar dedicada à elaboração de biscoitos, em Frankfurt, às margens do rio Main, para buscar seu destino em Pforzheim, no estado de Baden. Trabalhando primeiro como empregado, logo depois passaria a ser o genro de Karl Friedrich Kaufmann: joalheiro profissional. A mãe de Wilhelm, Henriette Kahlo, havia morrido no parto de seu quarto filho, quando ele tinha apenas sete anos.

O que buscava o jovem Wilhelm, com pouco mais de dezoito anos, ao partir para o México? Podemos apontar certas hipóteses: o mais provável é que viajava àquele país com algumas cartas de recomendação escritas pelos fabricantes da indústria de joias de Pforzheim, que mantinham relações bem-sucedidas com o país. Valha como exemplo a família Diener e seu próspero negócio na capital mexicana. Será precisamente com os irmãos Diener que Kahlo cultivará, durante toda a sua vida, uma relação amistosa. Também é possível que Wilhelm tivesse uma recomendação para a serralharia dos irmãos Boker, onde trabalharia tempos depois, cujo sócio era justamente o cônsul mexicano no estado de Baden.

O que sabemos com certeza é que Wilhelm nunca voltou a pisar a terra de seus pais, dedicando-se com energia e afinco à construção de sua nova vida no México. Sequer voltaria para reivindicar a herança paterna.

À diferença de muitos de seus compatriotas, Wilhelm – ou, chamemo-lo a partir deste momento, Guillermo, pois logo assumiu este como seu nome de batismo – solicita com poucos anos de permanência a cidadania mexicana, inclusive livrando-se do serviço militar na Alemanha após obter a dispensa do duque de Baden. Para esses complicados trâmites, Guillermo contou com a ajuda de seu pai. Em agosto de 1893, casou-se com María Cardeña e, em 20 de novembro de 1894, pede a naturalização como cidadão mexicano, argumentando que já havia optado pela cidadania mexicana desde o nascimento de sua primeira filha, em setembro desse mesmo ano. Conclui sua solicitação declarando, literalmente, "sentimentos de afeto e adesão que professo ao México, tendo resolvido radicar-me definitivamente na República". O presidente Porfirio Díaz assinou pessoalmente a carta de naturalização e, em 21 de novembro de 1894, Guillermo passou a ser mexicano.

Os nomes da primeira filha, María Luisa Enriqueta Clotilde, já dão uma ideia da intenção de Guillermo de conservar e legar suas duas raízes: são os nomes da mãe e das avós mexicana e alemã. Guillermo era originariamente luterano, entretanto não se incomodou em batizar sua filha como católica.

Supõe-se que conheceu María na cristaleria Loeb, empresa de imigrantes alemães onde trabalhou por algum tempo. Ele teria começado a fotografar na citada serralharia Boker e, a partir de dezembro de 1898, passa a registrar, com uma câmera fotográfica, toda a construção do novo e prestigioso armazém: desde os primeiros pilares até a entrada de luxuosas mercadorias, o que implica para Guillermo o início de sua nova profissão como fotógrafo. A primeira foto dessa série havia sido considerada desde então a fotografia mais antiga de Guillermo Kahlo.

Porém o encontro de um autorretrato datado de 4 de março de 1897 (p. 111), no qual vemos Guillermo ao lado de uma câmera equipada com um retardador, poderia modificar substancialmente essa cronologia. Parece que ele deu seus primeiros passos na arte fotográfica quando trabalhava na empresa Loeb, o que desmentiria a hipótese, sustentada até o momento, mas não provada por nenhum documento, de que Guillermo tivesse aprendido fotografia com o pai de sua segunda esposa, Matilde Calderón. Em março de 1897, ele ainda estava casado com María Cardeña, que morreria em outubro desse mesmo ano, no parto de sua terceira filha.

Entretanto, também não há indícios de que Guillermo tivesse aprendido o ofício fotográfico em Pforzheim. Assim, o contexto no qual aprendeu essa arte exigente e adquiriu os conhecimentos técnicos suficientes para dedicar-se profissionalmente a ela permanece obscuro. Mas, por que não podemos aceitar, então, que a curiosidade artística e o espírito empreendedor desse jovem fossem as razões de seu vínculo com a fotografia? Um rapaz que com apenas dezoito anos abandona sua pátria, integra-se rapidamente em um ambiente muito diferente e consegue construir uma nova vida não poderia também deixar para trás seu tedioso ofício de contador e lançar-se a uma nova profissão, evidentemente menos segura, porém mais prazerosa? É isso que nos indicariam as palavras no verso de um dos retratos:

> Cada vez que se deparar com este retrato lembre-se da época triste que tivemos como desgraçados vendedores, mas bons amigos, na cristaleria de Loeb Hermanos.
> S.S. Guillermo Kahlo
> 25 ½ anos
> *México, Março 4/97*

"Desgraçados vendedores"... Palavras fortes que só poderemos compreender em sua totalidade quando soubermos a quem se dirigiam, mas já vemos como se revela uma personalidade rebelde e confiante, tal como nos demonstra a assinatura e rubrica desafiadora, um exemplo, além disso, da arte caligráfica de que Guillermo tanto cuidará durante toda a sua vida.

Encontramos mais autorretratos entre estas fotografias descobertas na Casa Azul. As imagens nos mostram um jovem que gostava de se exibir e posar diante da câmera, o que nos faz pensar que descobriu a fotografia primeiro para retratar a si mesmo: vemos Guillermo ali em um terraço e nos lembramos de Colombo olhando o mar na proa da *Santa María* (p. 89); em outra, seu olhar desafiador parece dirigir-se a todos os lados do estúdio (pp. 106). Posa como um jovem pintor com barba de artista montmartriano e pincel na mão, ou como uma estátua grega, exibindo seu corpo (p. 88). Também podemos detectar nas fotografias do jovem Guillermo traços de melancolia conjugados a uma atitude viril e um olhar que desafia o mundo.

* * *

Na série da Casa Boker, apreciamos como Guillermo já é um fotógrafo de primeira linha. Logo receberá encomendas e, no início de 1901, inaugurará um estúdio em sua residência da plazuela de Juan Carbonero em La Redonda. Em um anúncio comercial, publicado em fevereiro desse ano em *El Mundo Ilustrado*, indicava suas "especialidades" fotográficas: "edifícios, interiores de casas, fábricas, maquinaria". De fato seriam essas áreas técnicas, muito exigentes na prática fotográfica, que marcariam toda a sua obra. A partir de 1904, viajará por grande parte do país tirando fotografias das igrejas monumentais da república mexicana, encomenda realizada para o governo com vistas à celebração do Centenário da Independência. E, poucos anos mais tarde, começaria sua carreira como fotógrafo industrial, principalmente com o trabalho para a Fundição de Monterrey. As últimas fotos conhecidas que se conservam, datadas de 1936, cinco anos antes de sua morte, são registros de edifícios construídos com o aço da Fundição, curiosamente a primeira fábrica siderúrgica da América Latina.

Diferentemente de muitos de seus colegas, Guillermo Kahlo nunca publicou um livro com suas fotografias. As fotos de indústrias ficaram nos arquivos das empresas e serviram também como ilustração de propagandas e anúncios comerciais. As fotografias das igrejas foram reunidas em 1924 pelo governo revolucionário, criando seis álbuns que não chegaram a ser vendidos. Situação semelhante enfrentaram outros luxuosos álbuns que, em pequenas tiragens, Guillermo fazia sob encomenda. É possível que o público em geral o conhecesse como fotorrepórter de *El Mundo Ilustrado* e outras revistas que usaram ocasionalmente algumas de suas fotografias de arquitetura.

Mas Kahlo também se dedicou ao retrato com uma sensibilidade extraordinária, algo que podemos apreciar nas numerosas imagens de sua filha Frida (pp. 145, 297), embora não se deva esquecer que essas fotografias eram privadas e, portanto, não se previa publicá-las. Para ele, não obstante, eram muito significativas e parece que a fotografia lhe serviu como um valioso meio de comunicação com sua família. Em 1919, escreveu em um retrato de sua esposa Matilde (p. 68): “Quando virem este retrato, lembrem-se como sua mãe amou cada uma de vocês. 7/2/1919”. Em 1925, fez algo semelhante em um autorretrato, no qual inscreve: “De vez em quando, lembrem-se do carinho que sempre teve por vocês seu pai Guillermo Kahlo 1925” (p. 121), e ofertou um exemplar dessa foto a cada uma de suas filhas. A família tinha para ele grande importância, embora com o passar dos anos se recolhesse cada vez mais ao seu pequeno espaço, como contaram vários dos visitantes da Casa Azul. Apreciamos um claro exemplo desse lado introvertido de seu caráter na foto em que aparece diante de uma estante repleta de livros alemães e com fotografias de sua terra natal (p. 93).

Desse modo, podemos ler os autorretratos que fez desde muito jovem até seus últimos dias como uma espécie de autobiografia; imagens nas quais o vemos, em um primeiro momento, em poses desafiadoras e até burlescas, às vezes atlético e vivaz, outras vezes como um boêmio. Com o tempo, o olhar de Guillermo muda: a câmera passará a ser o espelho de sua alma, o que lhe permitirá construir uma comunicação mais visual do que verbal. O olhar de Guillermo em seus autorretratos tardios é tão intenso e misteriosamente melancólico quanto no retrato que, dez anos depois de sua morte, Frida pintou tendo, precisamente, uma dessas fotografias como modelo. Com olhos ligeiramente desviados, o olhar se perde em algum lugar indefinido atrás da câmera e, muitas vezes, o olho direito parece mais proeminente e maior.

Não resta dúvida de que a fixação de Frida por se autorretratar tem suas origens nessa mesma paixão que encontramos em seu pai. Elena Poniatowska[1] esclareceu isso em sua autobiografia fictícia de Frida, em que a faz dizer:

> Quando meu pai me fotografou depois do meu acidente, sabia que o campo de batalha do sofrimento se refletia em meus olhos. Desde então, comecei a olhar diretamente para a lente, sem piscar, sem sorrir, decidida a mostrar que seria uma boa lutadora até o final.

Frida estava perfeitamente consciente do efeito que seus olhos causavam nas fotografias tiradas por seu pai. As fotografias que ela mesma tirou e que foram conhecidas com a abertura dos arquivos da Casa Azul (pp. 381-87) remetem mais à influência de sua amiga Tina Modotti que à de seu pai. Suas lutas seriam travadas com o pincel e as cores, não com a câmera, e,

---

1 Elena Poniatowska, *Frida Kahlo: The Camera Seduced*. Londres: Chatto & Windus, 1992.

no entanto, em seus quadros, nos autorretratos e especialmente no retrato do pai, ela percorre um caminho muito similar ao de Guillermo em suas fotografias – enquanto ele, em suas pinturas, ficou no convencional, sem encontrar uma expressividade pessoal.

Quando Frida retratou seu pai fotógrafo (p. 117), pintou também essa complexa relação entre a fotografia e a pintura na obra de ambos. O retrato do pai, nesse sentido, é também a imagem de uma faceta de sua própria personalidade.

★

Guillermo Kahlo, autorretrato.

Henriette Kaufmann, mãe de Guillermo Kahlo.
No verso: "Mamãe de meu pai (judia alemã)".

Johann Heinrich Jakob Kahlo, pai de Guillermo Kahlo. Berlim.
No verso: "Papai de meu pai (húngaro)".

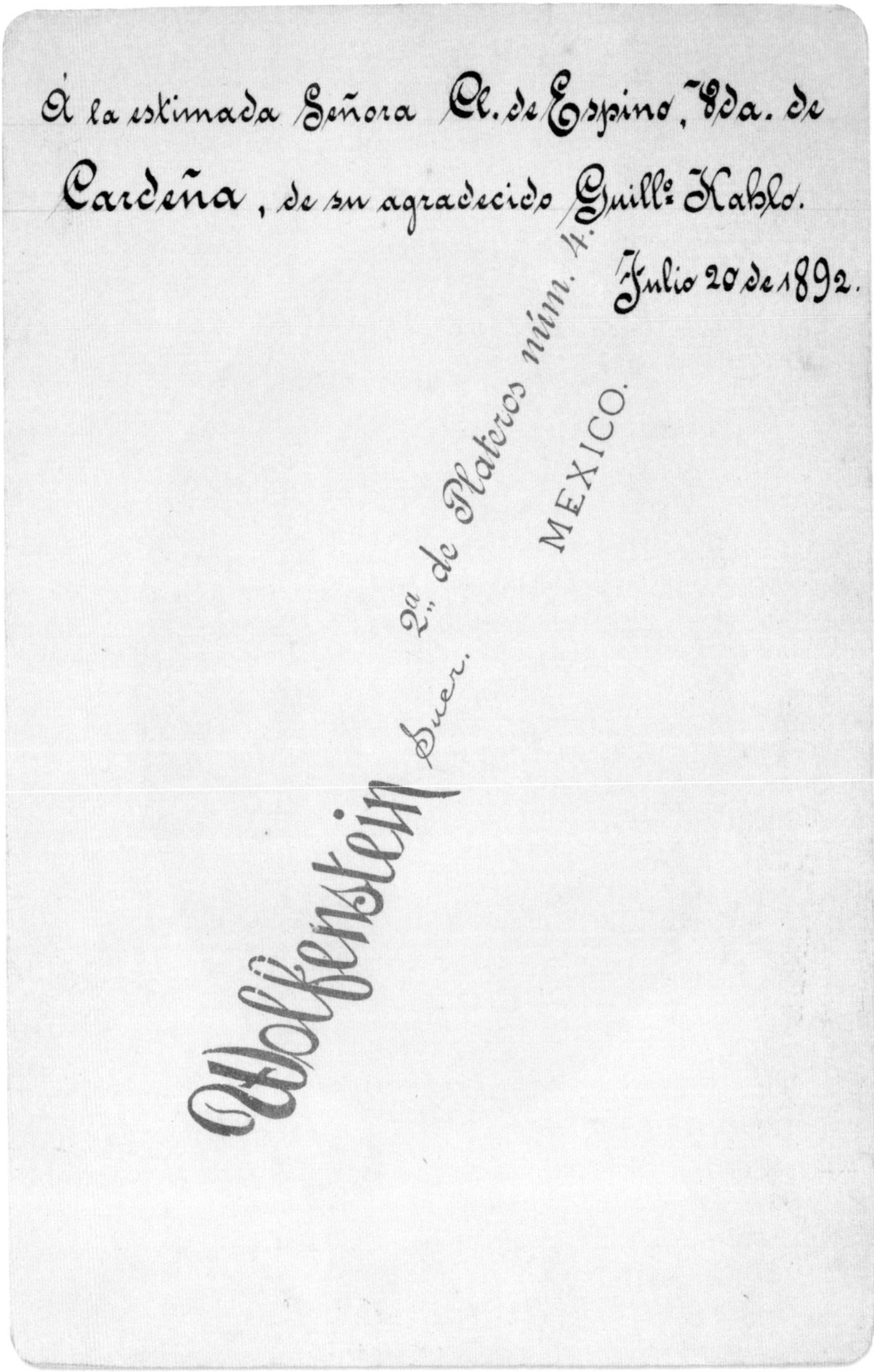
Á la estimada Señora A. de Espino, Vda. de Cardeña, de su agradecido Guill.mo Kahlo.

Julio 20 de 1892.

Wolfenstein Sucr. 2a de Plateros núm. 4. MEXICO.

Guillermo Kahlo. No verso: "À estimada senhora A. de Espino Vda. de Cardeña, de seu agradecido Guillermo Kahlo. 20 de julho de 1892". Foto: Nicolás Winther.

Guillermo Kahlo. México, março de 1895.
Foto: Nicolás Winther.

Guillermo Kahlo.

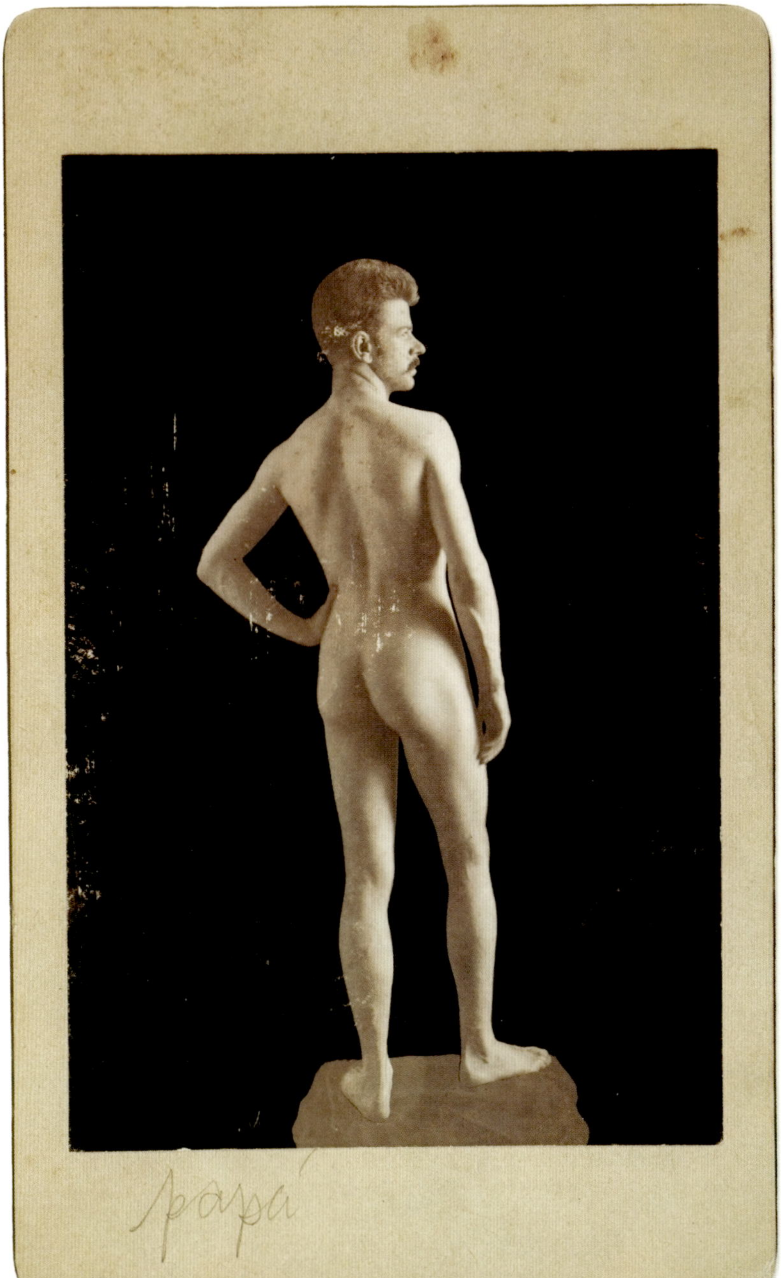

Guillermo Kahlo. "Papai".

Guillermo Kahlo, autorretrato. No verso: carimbo
"Guillermo Kahlo. Juan Carbonero Núm. 4 México".

Guillermo Kahlo. México. Foto: Nicolás Winther.

Guillermo Kahlo.

Guillermo Kahlo em sua biblioteca.

Guillermo Kahlo, autorretrato.

Guillermo Kahlo, autorretrato.

Guillermo Kahlo.

Guillermo Kahlo, autorretrato.

Guillermo Kahlo, autorretratos.

Guillermo Kahlo, autorretratos.

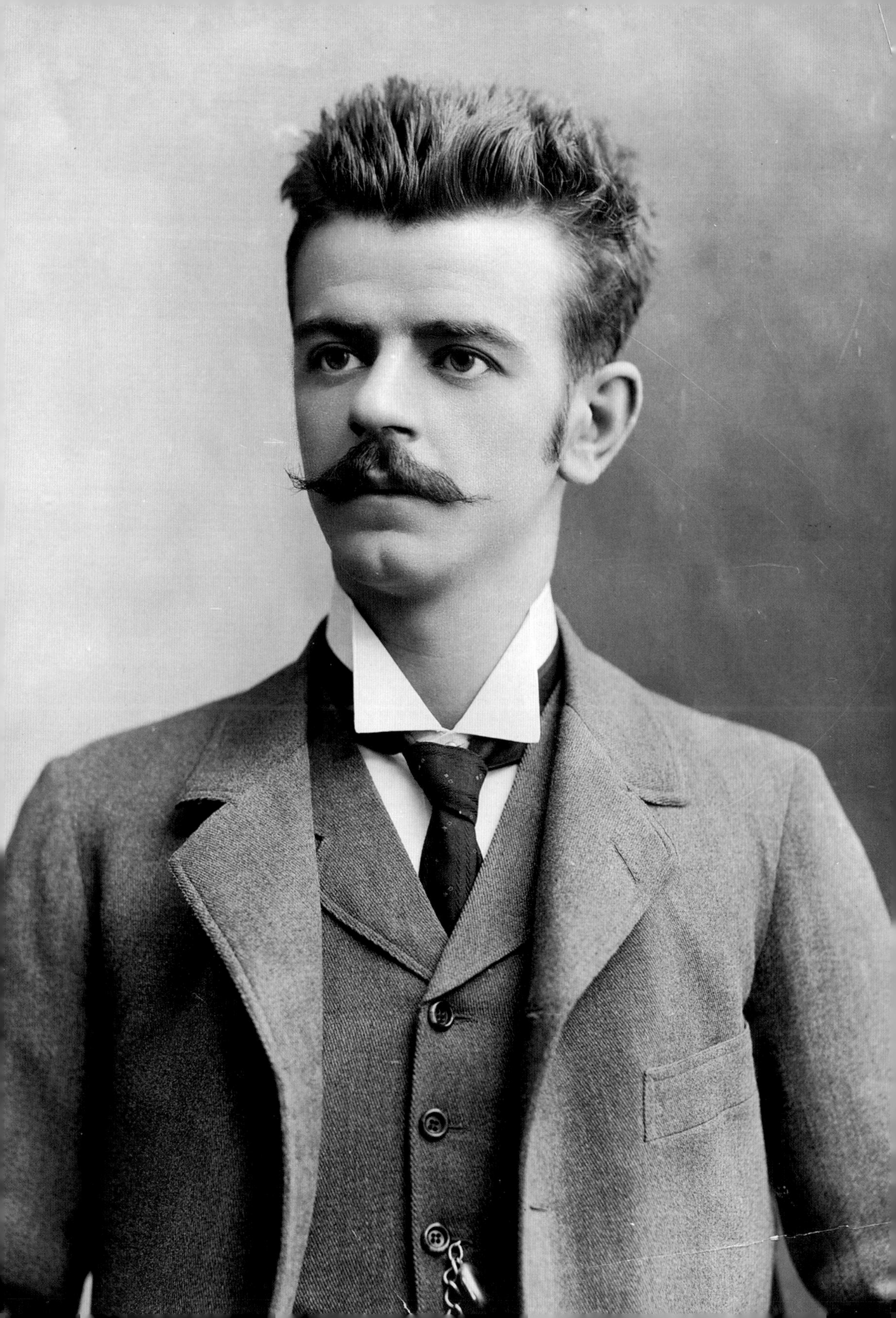

Guillermo Kahlo.

Guillermo Kahlo, autorretratos.

Guillermo Kahlo, autorretrato.

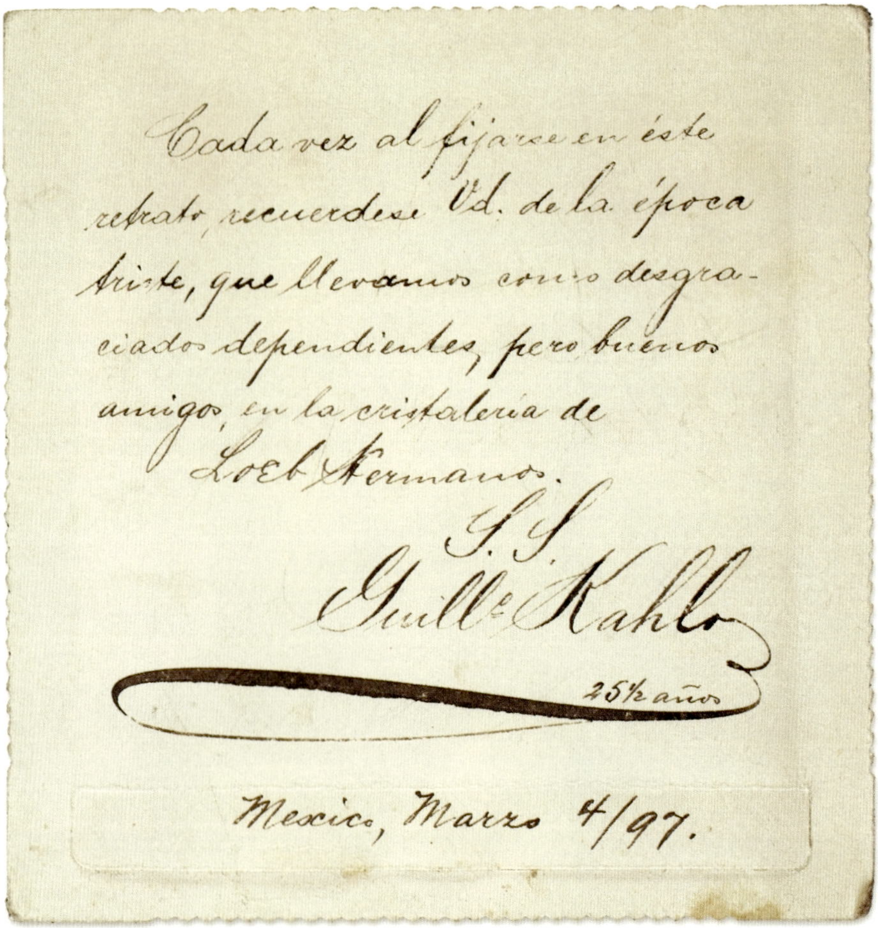

Cada vez al fijarse en éste
retrato, recuerdese Vd. de la época
triste, que llevamos como desgra-
ciados dependientes, pero buenos
amigos, en la cristalería de
Loeb Hermanos.

S. S.
Guillmo Kahlo
25½ años

Mexico, Marzo 4/97.

Guillermo Kahlo, autorretrato. No verso: "Cada vez que se deparar com este retrato lembre-se da época triste que tivemos como desgraçados vendedores, mas bons amigos, na cristaleria de Loeb Hermanos. S.S. Guillermo Kahlo 25½ anos. México, Março 4/97".

Página seguinte: Guillermo Kahlo, autorretrato, c. 1907.

 Página anterior: Guillermo Kahlo, autorretrato.

Guillermo Kahlo, autorretratos.

Frida pintando o retrato de seu pai, Guillermo Kahlo, 1951. Foto: Gisèle Freund.

Guillermo Kahlo, autorretrato.

Guillermo Kahlo, autorretrato. "De vez em quando, lembrem-se do carinho que sempre teve por vocês seu pai Guillermo Kahlo 1925".

DE CUANDO EN CUANDO RECUERDENSE
DEL CARIÑO QUE SIEMPRE LES HA
TENIDO SU PADRE Guillmo Kahlo 1925.

Guillermo Kahlo, autorretrato.

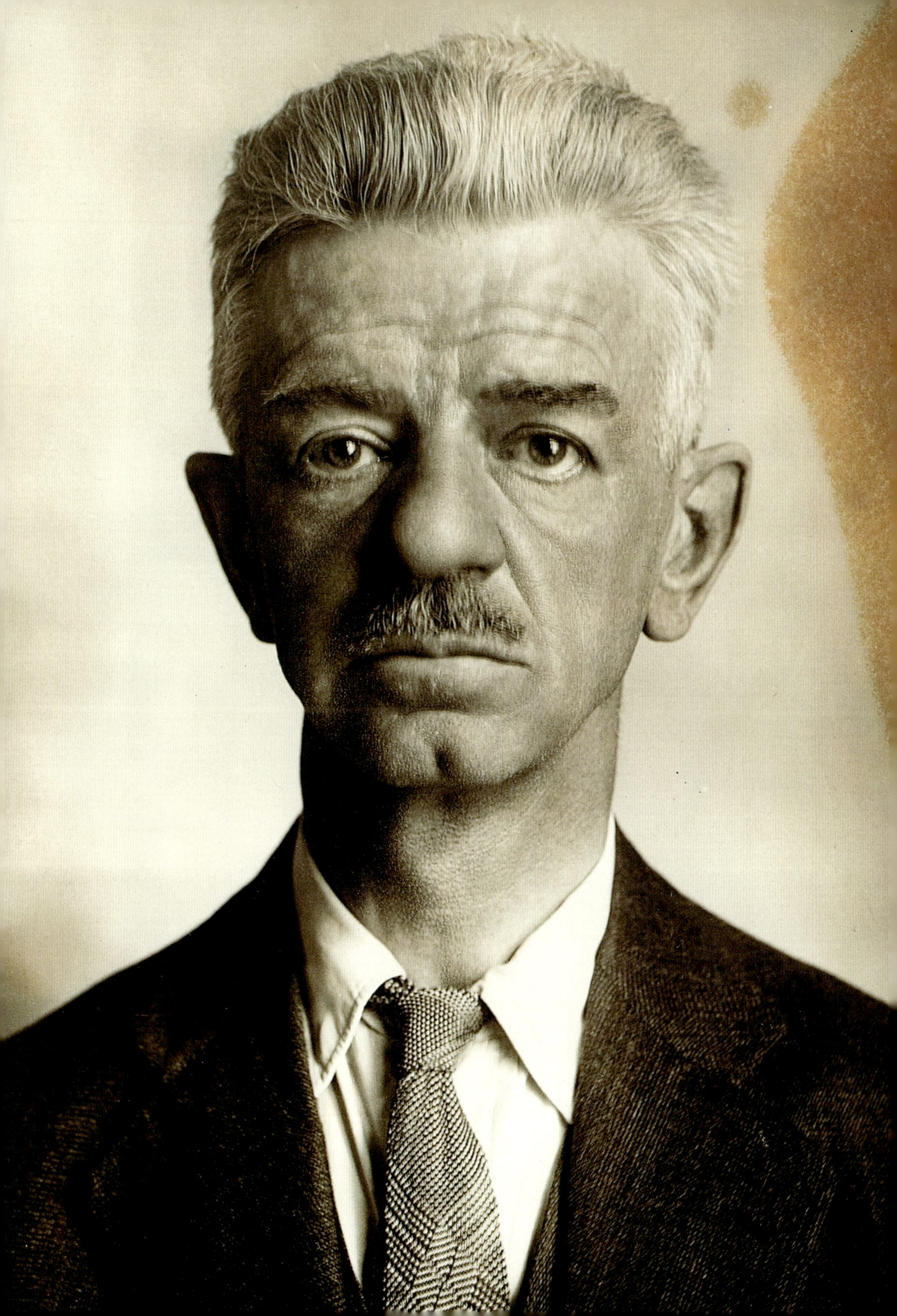

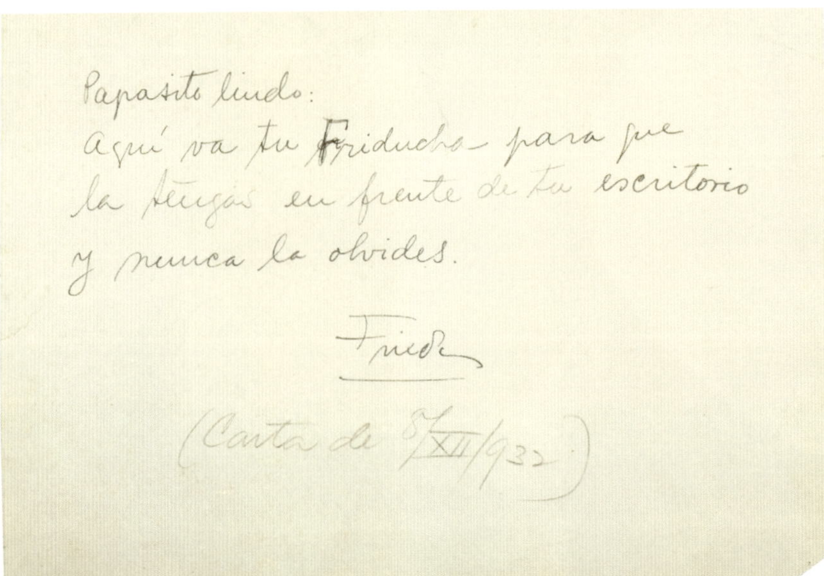

Papasito lindo:
aquí va tu Friducha para que
la tengas en frente de tu escritorio
y nunca la olvides.

Frieda

(Carta de 8/XII/932)

Frida Kahlo no Instituto de Arte de Detroit, Michigan, 1932. No verso: "*Papasito* lindo: aqui vai sua Friducha para que a tenha em sua escrivaninha e nunca a esqueça. Frieda. (Carta de 8 de novembro de 1932)".

Guillermo Kahlo. "Herr Kahlo depois de chorar", 1932.
Foto: atribuída a Lucienne Bloch.

III

A CASA AZUL

AS FOTOS DA CASA AZUL

Laura González Flores

> *Alex: Your "Botticelli" também ficou muito triste,*
> *mas já disse a ela que assim que você voltar,*
> *se chamará a "Bem-adormecida",*
> *e apesar disso, lembra sempre de você* [...]

Em uma carta escrita em março de 1927 a Alejandro Gómez Arias,[1] seu *chapinha* do grupo Los Cachuchas e primeiro de seus muitos e atormentados amores, Frida refere-se a si mesma como "sua Botticelli". Ela é jovem – dezenove anos – e ainda não pensa em si mesma como pintora de profissão. Mas já confunde em sua fala, como fará pelo resto da vida, sua pessoa real e seu autorretrato pintado.

Estranhamente, a citação de Frida remete a Marcel Proust. E não só porque a vida de ambos esteve marcada pelas enfermidades físicas: Proust é afetado pela asma, e Frida primeiro é debilitada pela pólio, aos sete anos, e depois, pelo trágico acidente de trânsito, em 1925, que despedaça sua pélvis e fragmenta sua coluna vertebral. A analogia entre Kahlo e Proust vai além da descarga da doença por via da criação: nos dois casos, também está envolvida a confusão entre a vida do autor e o corpo narrativo de sua obra. A obra de Kahlo, como a de Proust, não só impõe a seus críticos a dificuldade de separar ficção e realidade, mas também a de resistir a interpretá-la exclusivamente como uma projeção psicológica da vida ou das patologias do autor.

---

1. Fragmento de carta de Frida Kahlo a Alejandro Gómez Arias, 27 de março de 1927, reproduzida em Raquel Tibol (ed.), *Escrituras, Frida Kahlo*. México: UNAM, Conaculta, 2002, p. 54.

A esse respeito, cabe esclarecer que enquanto Proust lamentou que seus críticos confundissem a ficção e a realidade em sua obra (para ele, o Marcel de *Em busca do tempo perdido* era claramente um personagem construído e não um autorretrato),[2] Kahlo cultivou e promoveu a ambiguidade que a sua produzia: ao converter sua figura pública (Frida, a mulher de Diego Rivera) em uma representação (Frida = imagem), sua obra plástica começou a se constituir um espelho literal de sua construção imaginária (Obra = imagem de Frida). Buscar encontrar a *verdadeira* Frida no personagem de "Frida" é tão absurdo quanto impossível: Frida não é uma pessoa real e sim uma figura discursiva – um motivo temático – no nível da fala, da imagem ou da apresentação pública. Em um sentido amplo da palavra, Frida é uma imagem: uma produção da psique imaginária que *cria* incessante e continuamente o ser, e não uma evidência ou reflexo deste. São as obras que criam progressivamente Frida como uma alegoria de si mesma, e não o contrário.[3]

Regressemos ao quadro a que Frida se refere em sua carta, o *Autorretrato com vestido de veludo* (1926). Certamente, a figura feminina, sensual e misteriosa dessa primeira pintura de Frida mostra uma certa semelhança fisionômica com a jovem real de dezenove anos que estava se recuperando do terrível acidente do ano anterior e que aparece retratada em algumas fotografias familiares dessa época como uma moça frágil e recatada. O caráter idealizado da figura *com vestido de veludo* torna-se evidente quando a comparamos com outros retratos nos quais uma Frida estudante mostra um certo ar masculino (*Retrato de Frida*, c. 1926-1927, p. 66) ou naqueles em que, diretamente, aparece vestida e penteada como homem (Guillermo Kahlo, *Retrato coletivo de 7*

---

2. Mauricio Serrahima, "Prólogo" a Marcel Proust, *En busca del tiempo perdido*, vol. 1. Barcelona: Plaza & Janés, 1967, p. XXVII. Para uma discussão mais ampla sobre esse tema ver o excelente ensaio de Joshua Landy, "Proust, His Narrator, and the Importance of Distinction", *Poetics Today*, vol. 25, no. 1, *Between Thing and Theory: Or, the Reflective Turn* (II), Spring, 2004, pp. 9-135.

3. A respeito dessa função produtiva e imaginativa da psique, ver a apresentação e a primera parte do capítulo "Uno/Personificar e imaginar cosas" in James Hillmann, *Reimaginar la psicología*, Madrid, Siruela, 1999, pp. 55–67.

de fevereiro de 1926). O caráter ativo e varonil da "Cachucha n. 9" – alcunha com a qual os outros membros do grupo rebelde da Escola Preparatória Nacional a identificavam – também emerge no retrato que Rivera pinta dela no mural da Secretaria de Educação pouco depois ("Frida distribuindo armas" na *Balada da Revolução*, 1928). Em compensação, o *Autorretrato com vestido de veludo* é uma idealização "botticellesca" e sensual que Frida pinta pensando em Gómez Arias, e que poderia ser descrito com termos semelhantes aos que Proust utiliza para o retrato de Odette, a mulher de Swann:

> Swann tinha no quarto não as belas fotografias que agora tiravam de sua esposa, em que se reconheciam sempre, quaisquer que fossem o vestido ou o chapéu, seu rosto e sua silhueta de triunfo, graças à constante expressão enigmática e vitoriosa, mas um pequeno daguerreótipo antigo [...] muito singelo e de onde parecia que estavam ausentes a juventude e a beleza de Odette, porque ela ainda não as havia descoberto. Mas sem dúvida Swann [...] saboreava naquela jovem esbelta de olhar pensativo e feições cansadas, de atitude entre a marcha e a imobilidade, uma graça mais botticelliana. Com efeito, ainda lhe agradava ver na esposa um Botticelli.[4]

A figura de "Botticelli" ou "Bem-adormecida" ainda não é a da Frida que conhecemos. Esta aparecerá, com o passar dos anos, por meio da transformação de Carmen Magdalena Kahlo Calderón no *eu público* de Frida. Como a Odette de Proust, a pintora abandonará progressivamente sua imagem de "jovem esbelta de olhar pensativo e feições cansadas" para descobrir, com o tempo, sua fisionomia pessoal. Como o personagem de ficção, Frida construirá, com cada quadro, seu "rosto e sua silhueta triunfante":

> Odette, ao chegar à meia de sua vida, afinal descobrira, ou inventara, uma fisionomia pessoal, um "caráter" imutável, um "gênero de beleza", e aplicara

4. Marcel Proust, "À sombra das raparigas em flor", *Em busca do tempo perdido*, vol. 2. São Paulo: Globo, 2006.

> esse tipo fixo, como uma imortal juventude, àqueles descosidos traços de seu rosto que por tanto tempo haviam estado sujeitos aos caprichos ocasionais e impotentes da carne e que, à menor fadiga, em um momento se carregavam de anos, de passageira velhice.[5]

Como em uma representação teatral, Odette e Frida constroem sua aparência para representar um papel preciso e inconfundível no drama de viver. Por acaso isso não nos faz lembrar o sentido do termo latino *persona* como a máscara que os atores utilizavam no teatro clássico? No caso de ambas as figuras, a *persona* é a beleza inventada: o que em Odette é caráter imutável e expressão enigmática, em Frida é um rosto hirsuto, inexpressivo e homogêneo, marcado por grossas e inconfundíveis sobrancelhas. O vestuário do personagem de Proust – o vestido e o chapéu – equivale, em Frida, ao traje de mexicana: ao vestido e esplendor de tehuana, aos *huipiles*, saiotes, aventais e mantas diversas, aos colares pré-hispânicos, anéis vistosos e joalheria de filigrana, ao toucado de estame yalalteca[*] e ao cabelo trançado.

A metamorfose da jovem que assinava com seu nome alemão Frieda em 1927 na Frida mexicana que emerge em 1929 após seu casamento com Diego Rivera precisa de um cenário. Este é o lugar no qual, significativamente, começa e termina a vida de Frida: o casarão na esquina das ruas Allende e Londres em Coyoacán, casa familiar do fotógrafo Guillermo Kahlo e sua esposa, Matilde Calderón. Até 1930, a casa exibe seu aspecto original nas fotos: uma mansão em estilo neoclássico afrancesado, próprio das mansões porfirianas (pp. 136-37). A partir do momento em que Diego paga as dívidas de Guillermo Kahlo, a casa passa para o nome de Frida e sua aparência começa a se transformar, adquirindo o nome de "Casa Azul": Frida e Diego alisam e pintam suas paredes para fazê-la parecer uma casa de campo,

---

5. Id., ibid.

* Relativo à comunidade zapoteca de Villa Hidalgo Yalálag, na serra norte do estado de Oaxaca, no México. [N.T.]

substituem o mobiliário e as janelas de estilo porfiriano por móveis coloridos de madeira e enchem seus cômodos de coleções de figuras pré-hispânicas, retábulos populares, artesanatos e brinquedos típicos. Juntamente com a roupa e o penteado de Frida, também o *atrezzo* da Casa Azul começa a se identificar com sua pessoa.

Nesse cenário, desfilam os personagens secundários do drama de Frida: ao longo dos anos, além dela e de Diego, transitam pela Casa Azul inúmeros personagens que protagonizarão diversos e flutuantes papéis de familiares, amigos, amantes e camaradas: Leon e Natalia Trótski, Nickolas Muray, Emmy Lou Packard, Juan O'Gorman, Esther Born, Pita Amor, William Spratling, Miguel Covarrubias, Adolfo Best Maugard, Lola Álvarez Bravo e Gisèle Freund, entre muitos outros. Junto com uma diversidade de animais exóticos – periquitos, cachorros xoloitzcuintle, macacos e veados –, os convidados da Casa Azul farão parte da escalação particular (pinturas, cartas, diários, desenhos e fotografias) que se tornará em um elenco público.

Como podemos entender, pois, as fotos da Casa Azul? Como todas as fotografias de um álbum familiar, essas foram feitas pensando no futuro: pretendem guardar algo na memória para mostrar a um espectador em um tempo mais ou menos próximo. Mas a que espectador se dirigem essas fotos? Nessas imagens – como em outros documentos do legado da Casa Azul, sendo o mais destacado o diário de Frida –, intuímos a intenção de transcender o âmbito familiar. Mais que o álbum íntimo de Frida, o que vemos é seu aspecto público. Em sua maior parte, as fotografias encontradas mostram algo que é inerente ao gênero do retrato, trate-se de um desenho, uma pintura ou uma fotografia: a imagem não representa a pessoa como ela é, mas como deve, quer ou deseja aparecer. Como o *Autorretrato com vestido de veludo* – ou como o restante dos retratos e autorretratos de Frida –, muitas das fotografias da Casa Azul foram construídas mediante o jogo que os retratados estabeleceram com a câmera, por um lado, e com os códigos familiares e sociais, por outro. Se essas fotos são fascinantes, não é pela informação objetiva que extraímos delas, e sim porque nelas se congela, em uma espécie de presente perpétuo, o drama social da Casa Azul.

Há, porém, umas poucas imagens – os instantâneos – que escapam a esse estereótipo. Como sugere Proust em uma parte de seu romance, nas fotografias instantâneas, a "objetiva puramente material, uma placa fotográfica" consegue captar *algo* que nosso "olho cheio de pensamento" evita olhar:[6] seja um momento imprevisto de risada, titubeio, fragilidade ou aturdimento, a imagem da pessoa retratada escapa a sua forma habitual e reconhecível. No álbum, há algumas dessas fotos-tesouro: Frida retratada com o leve, mas perceptível, desvio no quadril, típico dos doentes de pólio, ou fazendo um gesto obsceno (p. 164), ou rindo às gargalhadas com Adolfo Best Maugard (p. 165): imagens em que, por mediação da fotografia, *revela-se* acidentalmente aquilo que a imagem-máscara procurou ocultar.

★

6. Proust, op. cit., p. 1099.

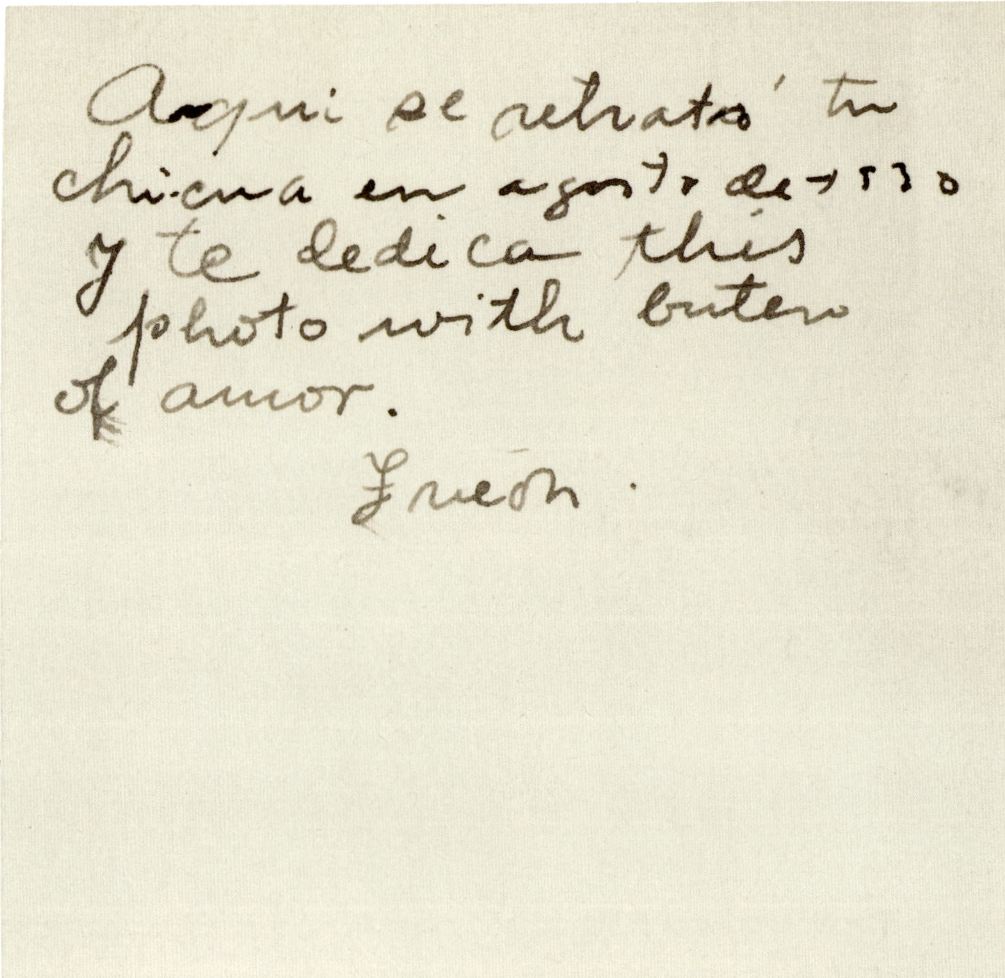

Aqui se retrató tu
chicua en agosto de 1930
y te dedica this
photo with buten
of amor.

Frieda.

Página anterior: Fachada original da Casa Azul.
Coyoacán, Cidade do México, 16 de julho de 1930.

Frida Kahlo na Casa Azul. No verso: "Aqui se retratou sua chicua em agosto de 1930 e lhe dedica this photo with buten [*sic*] of amor. Freon".

 Diego Rivera na Casa Azul, 1930.

Frida Kahlo e William Spratling na Casa Azul, agosto de 1930.

Página seguinte:
Cachorro xoloitzcuintle.

~~Abril~~ 1929. Julio.

Para Diego.

Frieda

Frida Kahlo. No verso: "Abril 1929. Julho.
Para Diego. Frieda", c. 1926. Foto: Guillermo Kahlo.

Cristina Kahlo, 7 de fevereiro de 1926.
Foto: Guillermo Kahlo.

Cristina Kahlo com seu filho Antonio, 16 de maio de 1932. Foto: Guillermo Kahlo.

23 de Febrero de 1951

Para mi Frida de
su Isolda que
la adora mucho.

23

23 de Febrero
de siempre

Isolda Pinedo Kahlo. No verso: "Para minha Frida de sua Isolda que a adora muito." "23 de fevereiro de sempre", 1941.

Diego Rivera, 1933. Foto: Esther Born.

Frida, c. 1949. Foto: Antonio Kahlo,
filho de Cristina.

Matilde Calderón, mãe de Frida, dando comida para os cachorros na Casa Azul, 30 de junho de 1932.

O diretor e produtor de cinema Arcady Boytler,
Frida e Cristina Kahlo.

Diego Rivera na Casa Azul.

Cristina Kahlo.

Página seguinte: Ateliê de Diego Rivera na Casa Azul. "Feliz ano novo! da parte de Guillermo Kahlo. Coyoacán, 25 de dezembro de 1930". Foto: Guillermo Kahlo.

Feliz año nuevo!
de parte de Guill° Kahlo & C.

Página anterior: María Cecilia Armida, Diego Rivera, Katherine Durham, Juan O'Gorman e pessoas não identificadas.

Diego Rivera no quintal da Casa Azul, 1930.

Frida Kahlo na Casa Azul.

Da esquerda para a direita e da frente para trás: Rodolfo Usigli, Dolores del Río, Frida Kahlo, Adolfo Best Maugard, Xavier Villaurrutia e, ao fundo, Felipe Mier, c. 1945.

Da esquerda para a direita e da frente para trás:
Rodolfo Usigli, Dolores del Río, Frida Kahlo, Adolfo
Best Maugard, Arcady Boytler e Felipe Mier, c. 1945.

No alto: Frida Kahlo, fazendo um gesto obsceno, e pessoa não identificada, c. 1945.

Embaixo: Miguel Covarrubias, Ignacio Fernández Esperón *Tata Nacho* e Rosa Covarrubias em sua casa de Tizapán, San Ángel. Cidade do México, c. 1945.

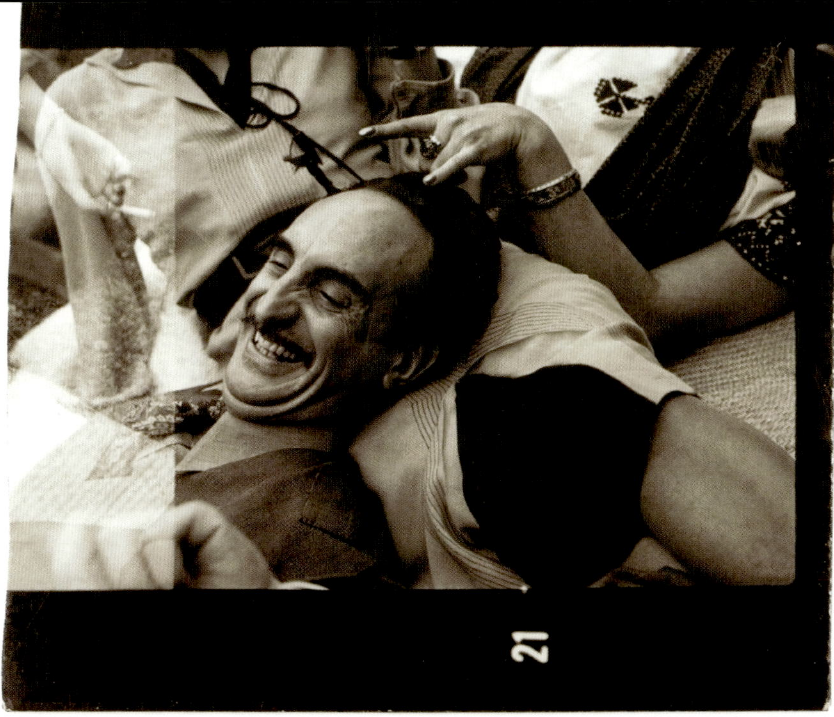

No alto: Frida "põe chifres" em Adolfo Best Maugard, c. 1945.

Embaixo: Adolfo Best Maugard, María Luisa Cabrera de Block e Frida Kahlo, c. 1945.

Frida Kahlo com Teresa Pinto
e pessoa não identificada.

Diego Rivera com sua filha Guadalupe
Rivera Marín, c. 1925.

 Frida e Emmy Lou Packard na Casa Azul, 1941.

Emmy Lou Packard.

Para colmo de mis males
te amo desde que te ví:
¡Quisiera ser las postales
que llegan junto de tí!

Frida com um de seus cachorros xoloitzcuintle, c. 1944.
Foto: Lola Álvarez Bravo.

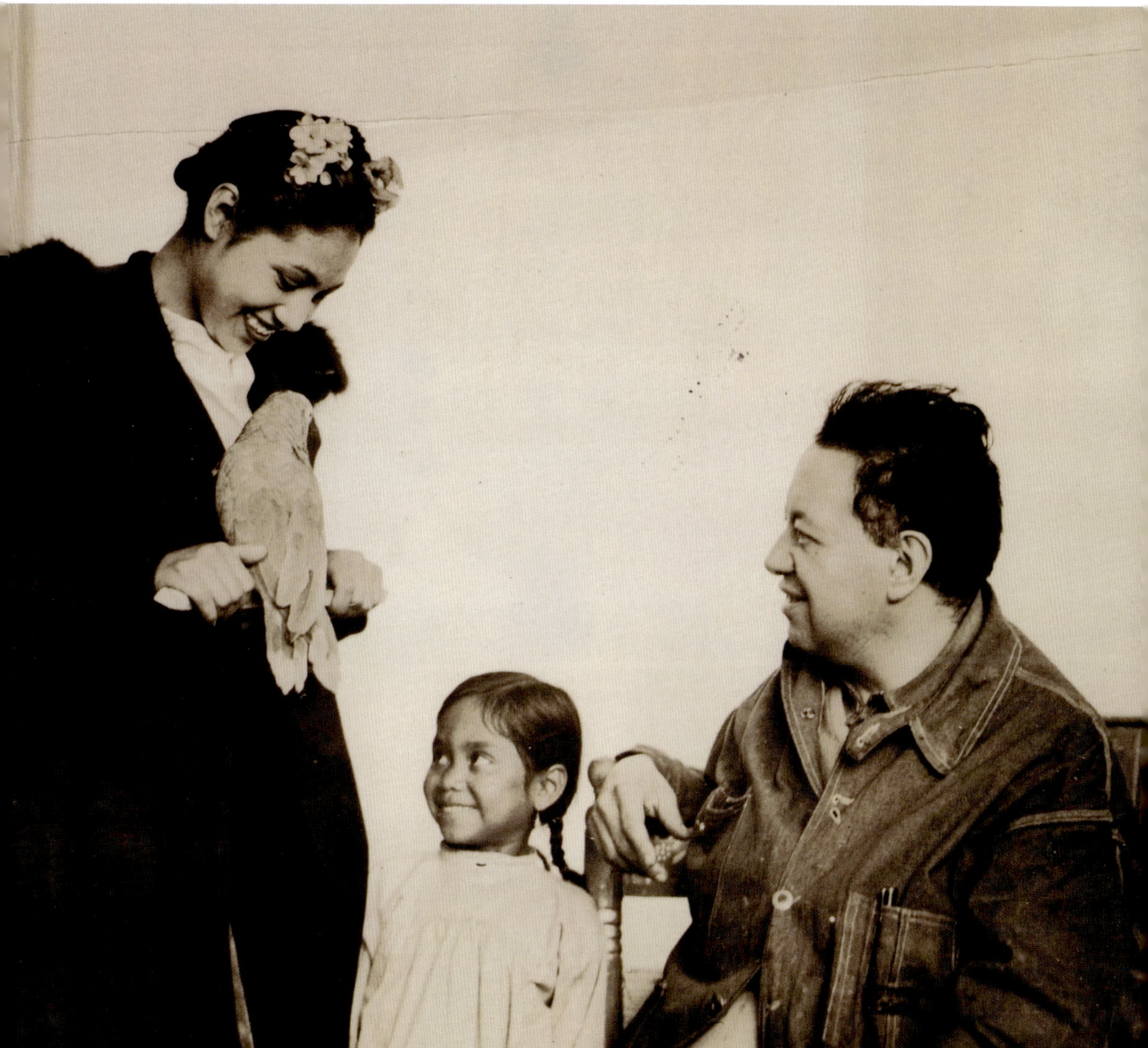

Diego Rivera com suas modelos, Nieves Orozco e Inesita.

Página 172: Chester Dale com Fulang Chang, c. 1944.

Página 173: Periquito Bonito.

Mãos de Frida e Bonito, c. 1951
Foto: Gisèle Freund.

Frida na Casa Azul, c. 1952.
Foto: Bernice Kolko.

Diego Rivera. Foto: Jacqueline Roberts.

A poeta Pita Amor. No verso: Para Dieguito e Frida com meu amor Pita, janeiro de 1952. Foto: Marianne Gast.

Adolfo Best Maugard, 1931. Foto: Agustín Jiménez.

Frida em São Francisco, Califórnia.
Foto: Imogen Cunningham, 1931.

 Frida Kahlo, c. 1943.

SAFETY FILM
11
SUPER XX

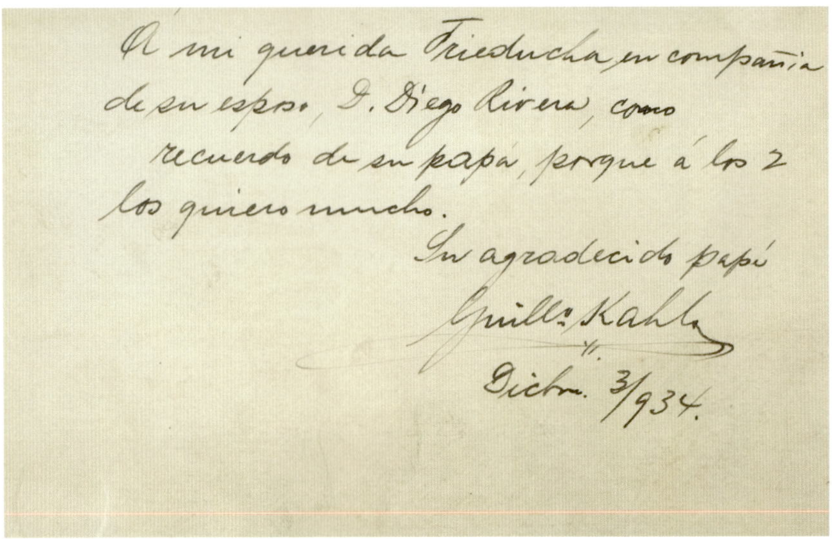

A mi querida Frieducha, en compañia de su esposo, D. Diego Rivera, como recuerdo de su papá, porque á los 2 los quiero mucho.

Su agradecido papá

Guillmo. Kahlo

Dicbre. 3/934.

Guillermo Kahlo com sua filha María Luisa Kahlo Cardeña. No verso: "À minha querida Frieducha em companhia de seu esposo, d. Diego Rivera, como lembrança de seu pai, porque amo muito os 2. Seu agradecido pai Guillermo Kahlo. 3 de dezembro de 1934".

Frida Kahlo chegando a Nova York, 1938.

AIRLINES

Página anterior: Diego e Frida na Casa Azul, c. 1952.
Foto: Guillermo Zamora.

IV

O CORPO DILACERADO

O CORPO DILACERADO

Mauricio Ortiz

O que faz com que eu experimente uma grande dor
é possuir um corpo. Se não tivesse corpo,
que dor poderia experimentar?
Lao Tsé

O corpo não se basta a si mesmo, exige referentes diversos. Para ser de verdade, tem que ver seu reflexo em algum lugar, tem que ouvir seus diferentes ecos, tem que atingir seus limites e comprovar que se move, tem que nomear e ser nomeado, tem que saber se imaginar, tem que se saber desejado.

Se o espelho é o referente mais primário e o desejo – o olhar do outro –, o mais complexo, há entre ambos inúmeras maneiras pelas quais o corpo obtém notícia de si e encontra sua razão e seu sentido. Nas habilidades da brincadeira e do trabalho ou nas nimiedades do ócio; no esporte e no espetáculo, praticados ou apenas assistidos; na roupa e nos detalhes infinitos do cuidado pessoal; no que se come e no que se excreta; nas reviravoltas do sexo; na coleção de fotos que o tempo vai juntando em uma caixa de sapatos; na literatura e na filosofia, na psicanálise, no conhecimento científico, na arte.

No trânsito rumo a seu destino irrenunciável, primeiro de florescimento e depois de degradação e morte, para além de sua elementar memória genética e mais além dos mecanismos fisiológicos de reposição dos tecidos e adaptação ao meio, o corpo há de se reconstruir periodicamente, apropriar-se várias vezes de si diante da vida em fuga, e daí sua paixão referencial e sua necessidade de contrapontos.

No corpo doente, no corpo torcido, no corpo dilacerado, a paixão se torna obsessão por necessidade, e não há repouso. Para compensar a perda da normalidade, que se vive como dor, incapacidade ou monstruosidade – ou a tríade em diferentes proporções –, o corpo exagera nas metáforas e nos símbolos, e em seu desespero recorre a prescrições de todo tipo: médicas, religiosas, charlatãs, informais, seja o que for que o ajude a se reinventar em sua desgraça.

O corpo de Frida Kahlo demanda restituição constante desde muito cedo. Habitado por imaginação superabundante e inteligência viva, recebe golpes drásticos que o marcam por toda a vida, que o dilaceram para sempre.

As coordenadas são muito conhecidas: nasceu (1907) com espinha bífida; aparentemente, poliomielite aos seis anos de idade; politraumatismo por acidente de trânsito aos dezoito, com ferida penetrante na cavidade abdominal causada por uma barra de ferro e fraturas múltiplas no cotovelo, coluna vertebral, pélvis, perna e pé direito; três abortos (um espontâneo, dois cirúrgicos); alcoolismo, tabagismo, anorexia e uma morte, aos 47 anos (1954), sob suspeita de suicídio. E a dor, evidentemente, as dores de Frida, em idas e vindas, tão no centro de sua criação artística.

O espaço mais visível no qual Frida elabora e reelabora as fraturas de seu corpo é, claramente, sua pintura, que pode ser descrita por inteiro como um grande autorretrato, um autorretrato total, múltiplo, desaforado; ali na tela estão, de maneira destacada: a coluna quebrada, a cama de hospital, a pélvis, o gesso e as faixas, as agulhas, o colete de aço, as úlceras tróficas... Mas há também outros espaços nos quais Frida pratica a recomposição de seu corpo enquanto a pintura converge: o espaço de uma sexualidade inquieta e nada convencional, o espaço do diário e o epistolar, e, em especial, o espaço da consulta médica.

É incrível a quantidade de médicos que tiveram a ver com Frida: Baz, Gea González, Ruiz Castañeda, Farill, Velasco Zimbrón, Cossío Villegas, Ortiz Tirado e um longo *et cetera* de sobrenomes talvez não tão célebres, mas não por isso menos dispostos a fazer diagnósticos, pedir exames e recomendar tratamentos. Ortopedistas, ginecologistas, pneumologistas, angiologistas, venereologistas, cirurgiões, clínicos, radiologistas. E não só no México, também em São Francisco, Detroit, Nova York, Paris.

Em questões médicas, diz-se que é sábio buscar uma segunda opinião. Quando se procura uma terceira, porém, e uma quarta e uma enésima, no final o que se tem é uma terrível confusão no diagnóstico e uma dificuldade enorme para tomar decisões. Isso sem dúvida ocorreu com Frida ao longo dos anos e não é descabido pensar que parte de seu sofrimento tardio teve origem iatrogênica. Foram-lhe diagnosticados um "leve" hipertireoidismo, deficiência suprarrenal, sífilis e tuberculose, e nunca ficou claro o que realmente acontecia com sua coluna vertebral e sua extremidade inferior direita. O resultado: incontáveis exames de laboratório e radiografias, mais de trinta intervenções cirúrgicas, meia dúzia de coletes, uma cadeira de rodas, uma prótese. Diante dos precários resultados da medicina convencional, Frida também esteve atenta àquelas terapias pseudomédicas que aparecem em todas as épocas como o último grito da ciência para cair no esquecimento dois dias depois – em alguma carta, faz referência à "injeção subcutânea de gases leves: hélio, hidrogênio e oxigênio" – e aos procedimentos hoje chamados de medicina alternativa, como "os maravilhosos segredos quiropráticos dos astecas e dos maias" que o senhor Juan de Dios Villegas Escobar se propõe a revelar a ela nas instalações do balneário Agua Hedionda, em Cuautla.

Pelas cartas que trocaram durante mais de vinte anos, tornou-se célebre a amizade que Frida estabeleceu com Leo Eloesser, seu médico de São Francisco, especialista em tórax e, a julgar pelo que escreve, um homem sensato. Em carta datada de 17 de agosto de 1940, o "querido doutorzinho" diz:

> Vou explicar-lhe o pouco que sei sobre o seu caso. Quando eu a conheci, no ano 1930, a senhora tinha, e ainda tem, uma anomalia congênita na espinha vertebral, ficando malformadas várias vértebras lombares. Essa anomalia é acompanhada por outra dos segmentos da medula e dos nervos que correspondem às vértebras afetadas. É essa anomalia do sistema nervoso

> que lhe causa a atrofia da perna direita e a dormência de que provêm as muitas úlceras tróficas que sofreu no pé direito [...] Com essa explicação, Fridita, levados em consideração todos os aspectos do seu mal, assim como suas relações com Diego, não lhe parece que o mais urgente é chegar a um diagnóstico definitivo antes de falar em terapia e do sim ou do não de operações? E onde podemos chegar melhor a isso do que aqui? A senhora sairá ao mesmo tempo de uma turba de gente bem-intencionada, que até agora, segundo vejo, não fez mais do que lhe dar conselhos inúteis [...] Não vá mais a Novayor [sic] de forma alguma. Conheço muito o Dr. Albee, de que lhe falam seus amigos; e, sob sigilo, secretamente lhe advirto que é o maior bronco dos broncos.

Uma turba de gente bem-intencionada, conselhos inúteis, o maior bronco dos broncos, a ausência de um diagnóstico definitivo: muitos médicos e poucas nozes.*

Mas o importante é que algo vai ficando pelo caminho. De radiografia em radiografia, de interrogatório em interrogatório, de cirurgia em cirurgia – junto com as telas e a escritura e as inúmeras fotos que tiram dela ou que ela mesma tira – vai se formando a *collage* que permite a Frida ver de fora, inventar, imaginar esse universo descomposto que é seu corpo.

No arquivo da Casa Azul, conservam-se dois textos que atestam o papel preponderante do olhar médico no trabalho referencial de Frida. São duas fichas clínicas, sem assinatura. Escritas à máquina, uma é de 1944 e a outra, embora registre em letra manuscrita 1948, vai até 1946 e depois se estende, em um acréscimo também manuscrito, até 1950.

Basta uma rápida leitura para perceber que essas fichas clínicas não foram elaboradas por um médico, mesmo fazendo as considerações de época. Embora escritas em terceira pessoa e seguindo o estilo de uma ficha clínica autêntica, há pistas suficientes para concluir que a autora é a própria

* No original, "Muchos médicos y pocas nueces", paródia de "Mucho ruido y pocas nueces", equivalente a "Muito barulho por nada". [N.T.]

Frida. E apreciados sob essa luz, trata-se de textos comoventes e cheios de graça. Neles se pode perceber uma marca daquela vocação precoce de Frida para estudar medicina e o reflexo de uma leitura atenta dos numerosos documentos médicos que sua condição foi gerando.

O que é relevante nessas "fichas clínicas" é seu caráter pessoal, íntimo. Não se descobre nelas a menor intenção de divulgá-las e só são totalmente compreendidas se forem concebidas como parte do minucioso trabalho autorreferencial que um corpo tão dilacerado exige. É um espaço que Frida estabelece para retornar quantas vezes for necessário, para recriar e relembrar tudo o que lhe aconteceu, ano após ano e detalhe após detalhe.

Na verdade, o segundo documento é uma versão revista e atualizada do primeiro. Algumas coisas são novas, muitas são idênticas e outras apresentam mudanças sutis que, novamente, revelam esse processo constante de reinvenção. Na entrada de 1939, por exemplo, ano que coincide com sua estadia em Paris e com seu divórcio de Rivera, Frida escreve na primeira versão: "Ingestão de grandes quantidades de álcool (uma garrafa de conhaque diária)". Na segunda versão, dois anos depois, matiza: "Por desespero ingere [quer dizer, a doente, que é assim que se refere a si mesma] grandes quantidades de álcool (uma garrafa de conhaque quase diária)". Correções a lápis, tachados, sublinhados e acréscimos revelam também essa atenção constante aos textos, esse frequente voltar a eles, emendá-los, questioná-los, friccioná-los.

Essas linhas – e isso é tanto mais claro no contexto das pinturas, das páginas de seu diário, das fotografias recortadas e de cada pequeno jogo de paráfrases – são uma metáfora completa do corpo de Frida, uma metonímia de si mesma, em termos literários, mais do que médicos; um verdadeiro ensaio que lhe permite não só compreender sua dor e seu sofrimento, mas também, e talvez mais importante, assumi-los e por fim encarná-los. Porque a dor e o sofrimento, como o corpo ao qual pertencem e que habitam de maneira tão completa, não se bastam a si mesmos: exigem referentes diversos e, para serem de verdade, têm que ver seu reflexo em algum lugar.

Na última página da segunda ficha clínica, lê-se, na caligrafia de Frida:

> De 1946 até 1950 a doente continua nas piores condições já vistas, com dores constantes na coluna, perda de peso (de 54 kg para 42 kg). Estado geral péssimo. Incapacitada de se bastar a si mesma. Com depressão nervosa.

Começou a queda final. Em março de 1950, o doutor Farill lhe faz outra fusão vertebral (as cinco lombares), e essa é a primeira das sete intervenções cirúrgicas que serão realizadas em seu corpo no transcurso do ano. Cadeira de rodas. Em 1953, amputam-lhe a perna direita abaixo do joelho. Prótese. O estado geral piora rapidamente.

Depois disso, é preparar-se para morrer, embora seja a única coisa na vida para a qual na verdade não há necessidade de estar preparado, ou para a qual dá no mesmo ter-se preparado ou não. De qualquer modo, um corpo doente, um corpo velho, um corpo dilacerado atraem naturalmente a sombra da morte, e pode se adiantar a noção de que a própria morte é um desses referentes iniludíveis diante dos quais o corpo recria-se, imagina-se, apropria-se várias vezes de si diante da vida em fuga.

Já em 1944, muito tempo antes de começar a queda, há marcas dessa sombra. Em carta a Eloesser, Frida escreve:

> Escute, lindo, quando vier desta vez, pelo que você mais ama na vida, me explique que tipo de mal eu tenho e se tem algum alívio ou a dita cuja vai me levar de qualquer maneira.**

Dez anos depois, em uma entrada de seu diário, de 11 de fevereiro de 1954, Frida flerta com a *dita cuja* em um fragmento célebre:

> Amputaram minha perna há seis meses. Fizeram-me séculos de tortura e em alguns momentos quase perdi a razão. Continuo sentindo vontade de me suicidar. É Diego que me impede, por minha vaidade de acreditar que

** No original *"me va a llevar la tostada"*. Trata-se de um dito mexicano equivalente à expressão informal "vou me danar", isto é, "vou ficar sem saída". [N.E.]

> posso lhe fazer falta. Ele me disse, e eu acredito nele. Mas nunca na vida sofri tanto. Esperarei um tempo.

Se essa vontade que Frida tinha de se suicidar determinou um programa de ação – tão maquiavélico quanto sutil, pois nunca houve cordas nem pistolas nem veneno nem vestígios de superdosagem (morfina, por exemplo, que nos últimos tempos ela usava rotineiramente) – ou se pertenceu a um processo referencial, digamos, limite, do corpo que se reconhece terminal e que já vive totalmente ao amparo da sombra, nunca saberemos.

A frase que foi utilizada amplamente como demonstração da primeira hipótese, "Espero alegre a saída – e espero jamais voltar", revela-se de fato pouco convincente, considerando seu contexto. É a última frase da última entrada do diário (sem data; sendo assim, "última" só pode ser em termos espaciais) e pertence a um parágrafo que não é mais que um longo agradecimento aos doutores, enfermeiras, maqueiros, faxineiros e copeiros do Hospital Inglês e à sua própria força de vontade. Espera que lhe deem alta do hospital e espera, mais que compreensivelmente, conhecendo sua longa história de hospitalizações, não voltar a ele nunca mais; isso é tudo. Qualquer leitura simbólica de ocultas intenções suicidas só turva o que está evidente, a longa agonia, meses, anos, de um corpo imensamente retalhado e ao mesmo tempo rebelde e cheio de vida que se afunda cada vez mais em sua dilaceração até já não poder mais e alcançar, na noite de 12 para 13 de julho de 1954, sete dias depois de completar 47 anos de idade, e devido a uma embolia pulmonar, seu descanso eterno.

★

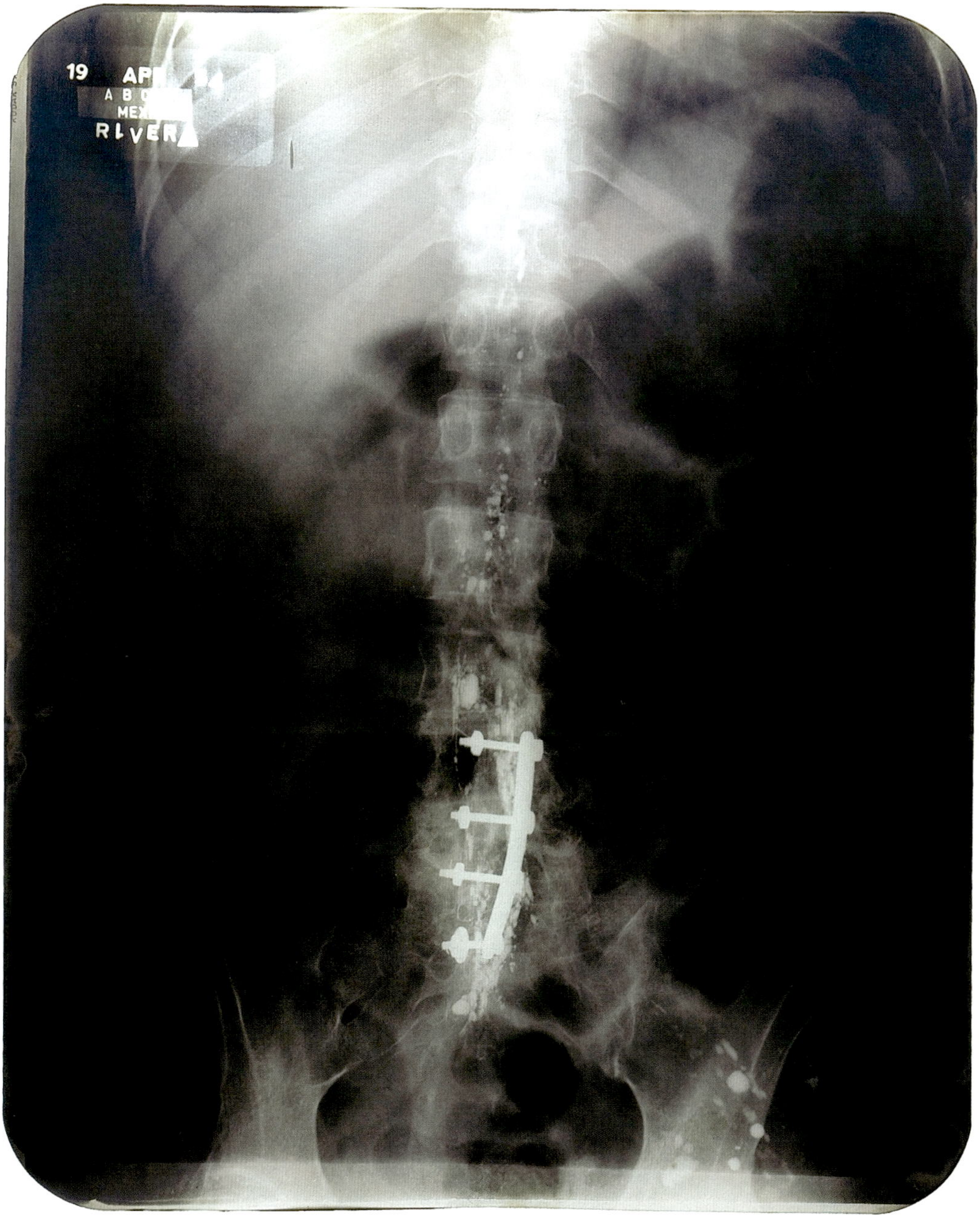

Radiografia de Frida Kahlo.
Cidade do México, abril de 1954.

Frida Kahlo voltando de Detroit, 1932.
Foto: Lucienne Bloch.

Página seguinte: Coyoacán,
Cidade do México, c. 1915.

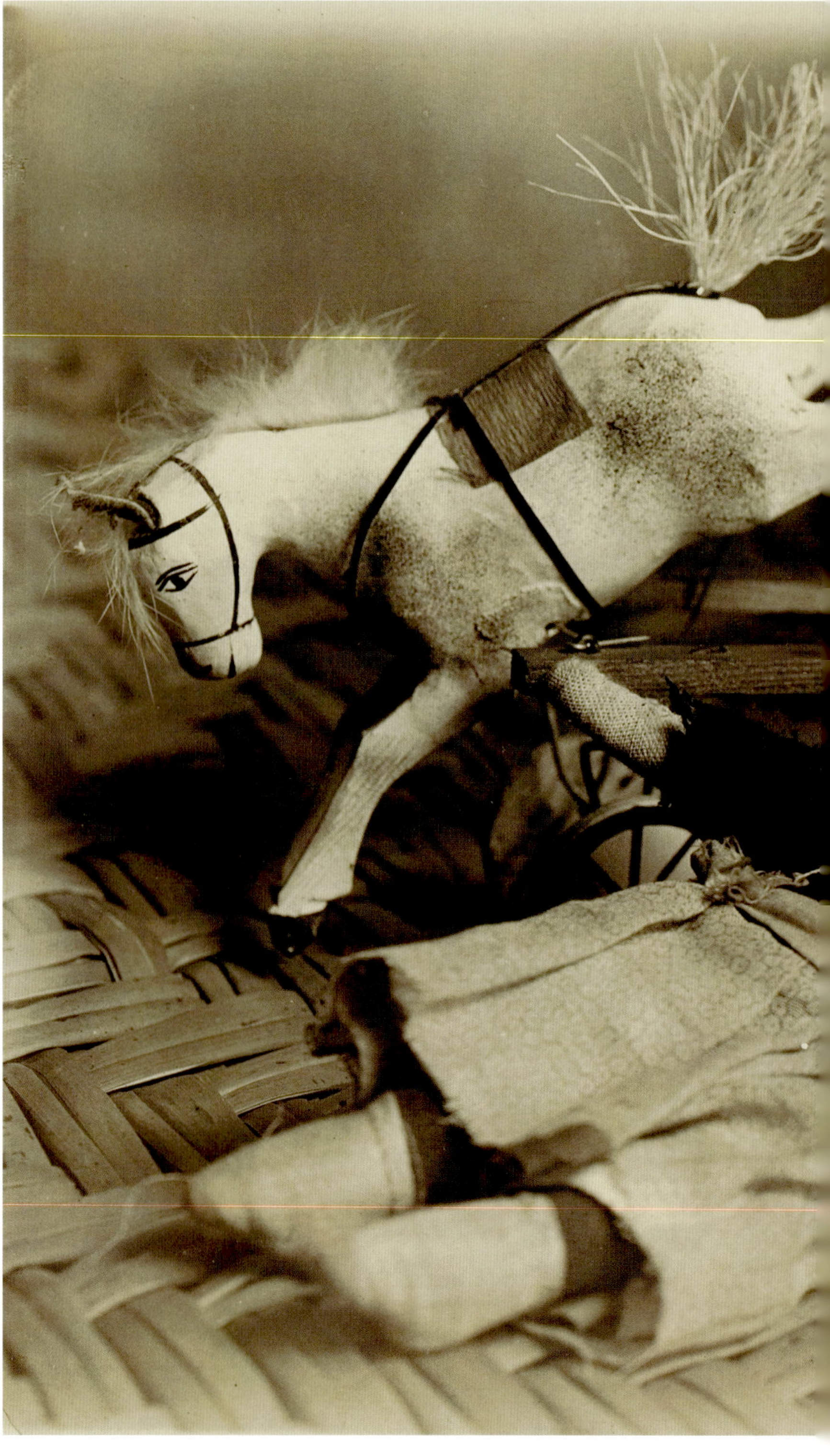

Brinquedos populares. No verso: "5 de abril de 1929. Foto: Frida Kahlo".

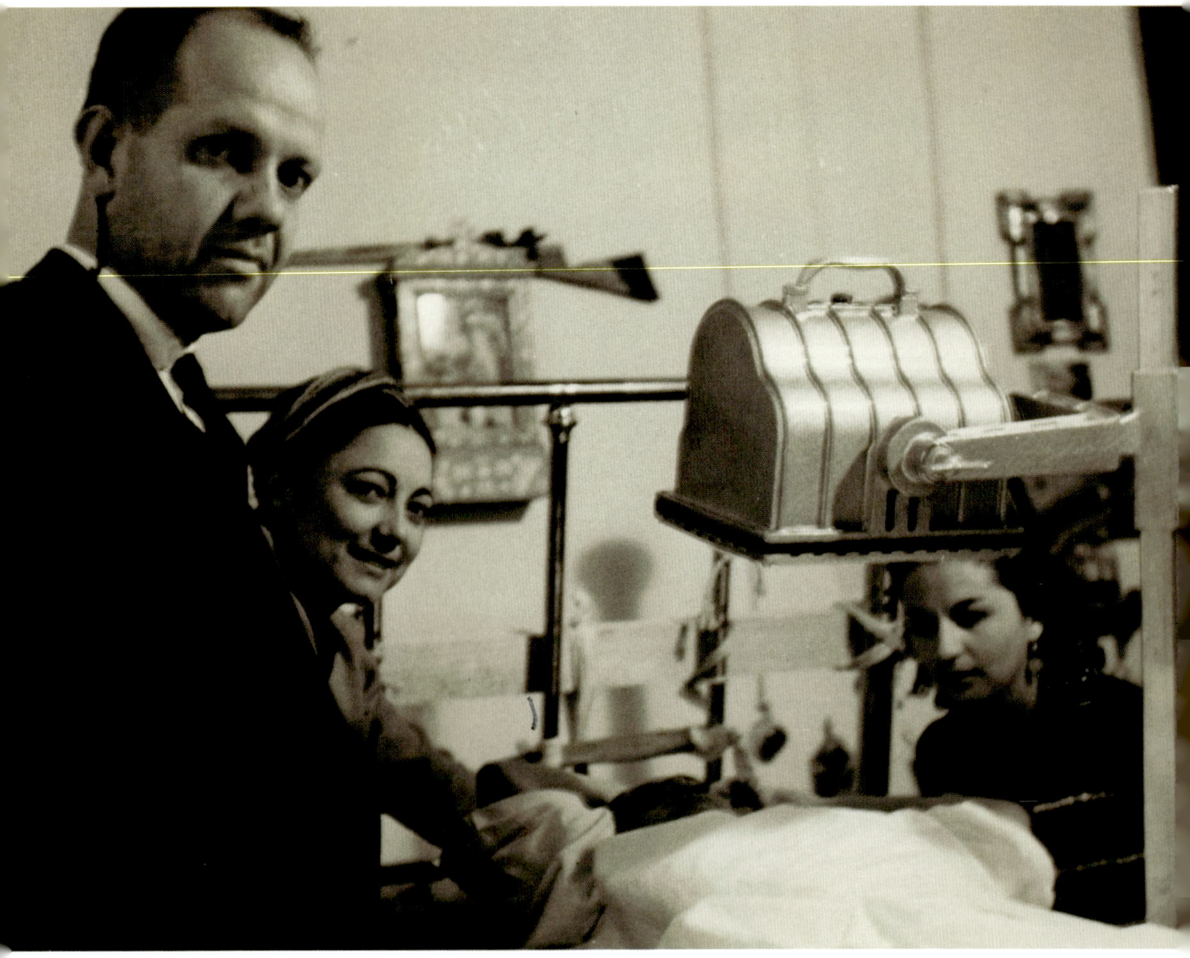

O historiador e crítico de arte Justino Fernández,
Rosa Covarrubias, Frida e Cristina Kahlo no hospital,
Cidade do México, 1940. Foto: Nickolas Muray.

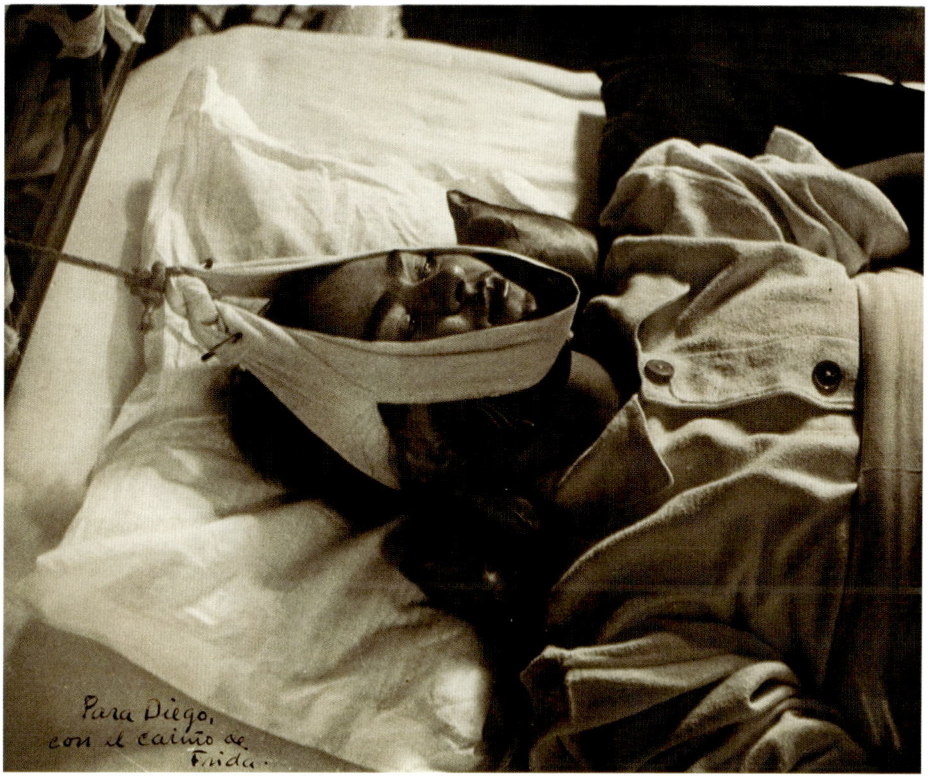

Frida em tração. "Para Diego, com o carinho de Frida",
Cidade do México, 1940. Foto: Nickolas Muray.

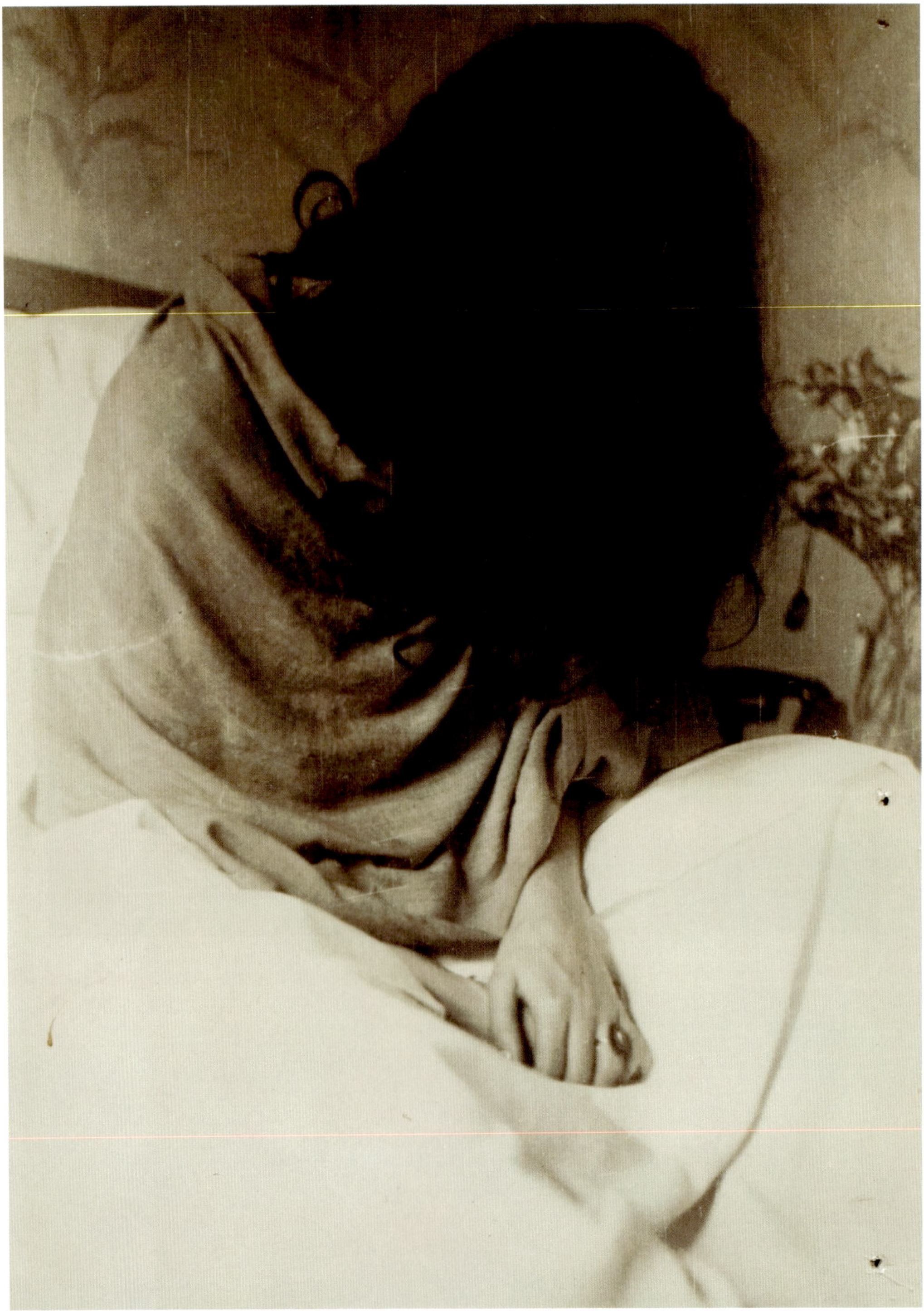

 Frida em Nova York, 1946. Foto: Nickolas Muray.

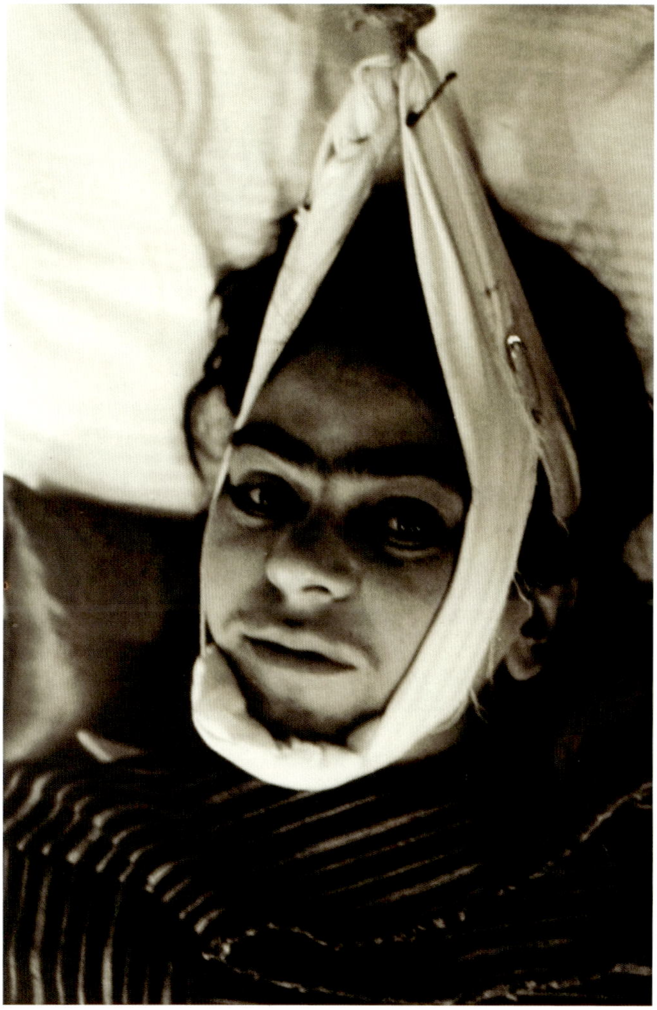

Frida em tração, Cidade do México, 1940. Foto: Nickolas Muray.

Página seguinte: Frida Kahlo, Nova York, 1946. Foto: Nickolas Muray.

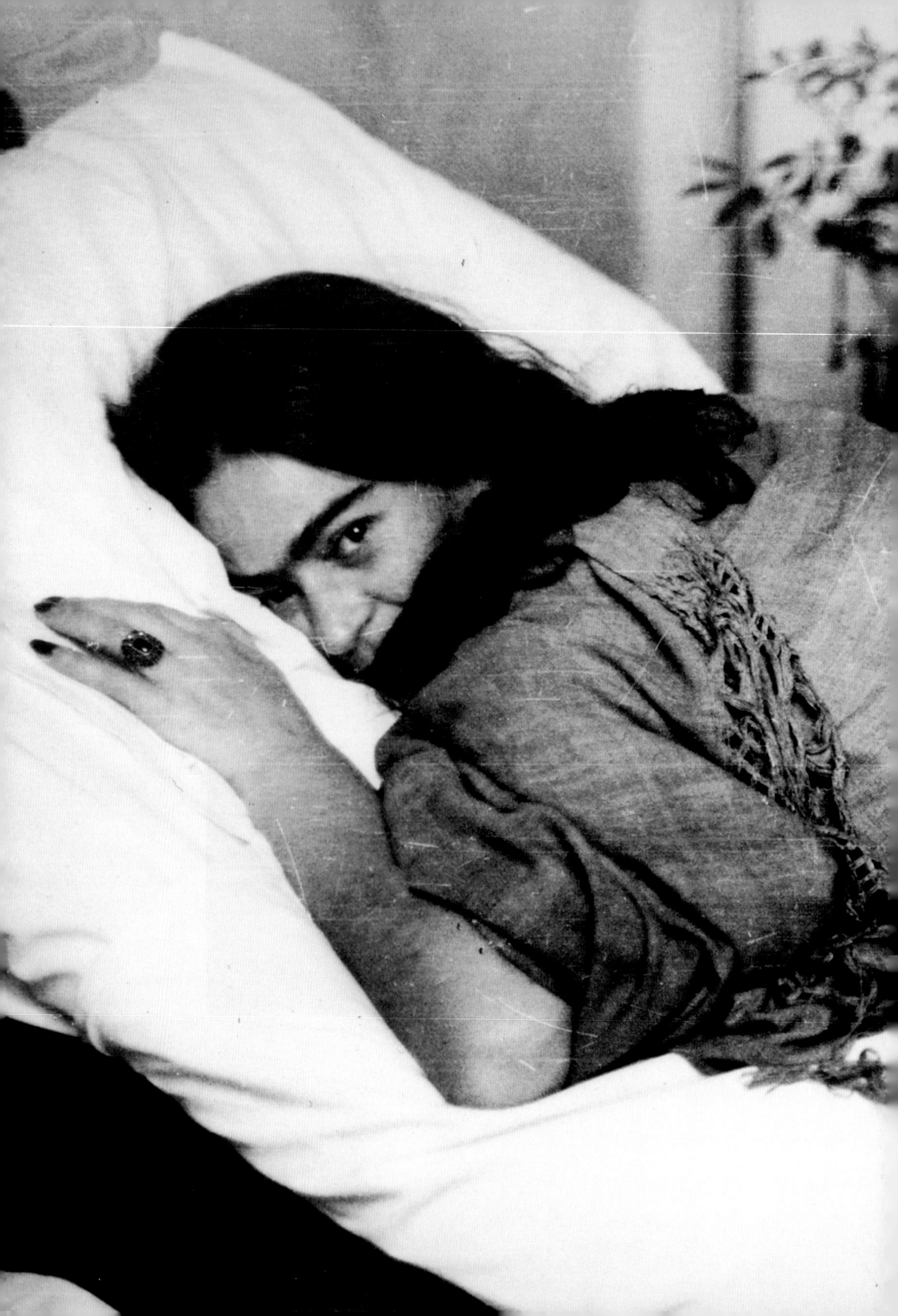

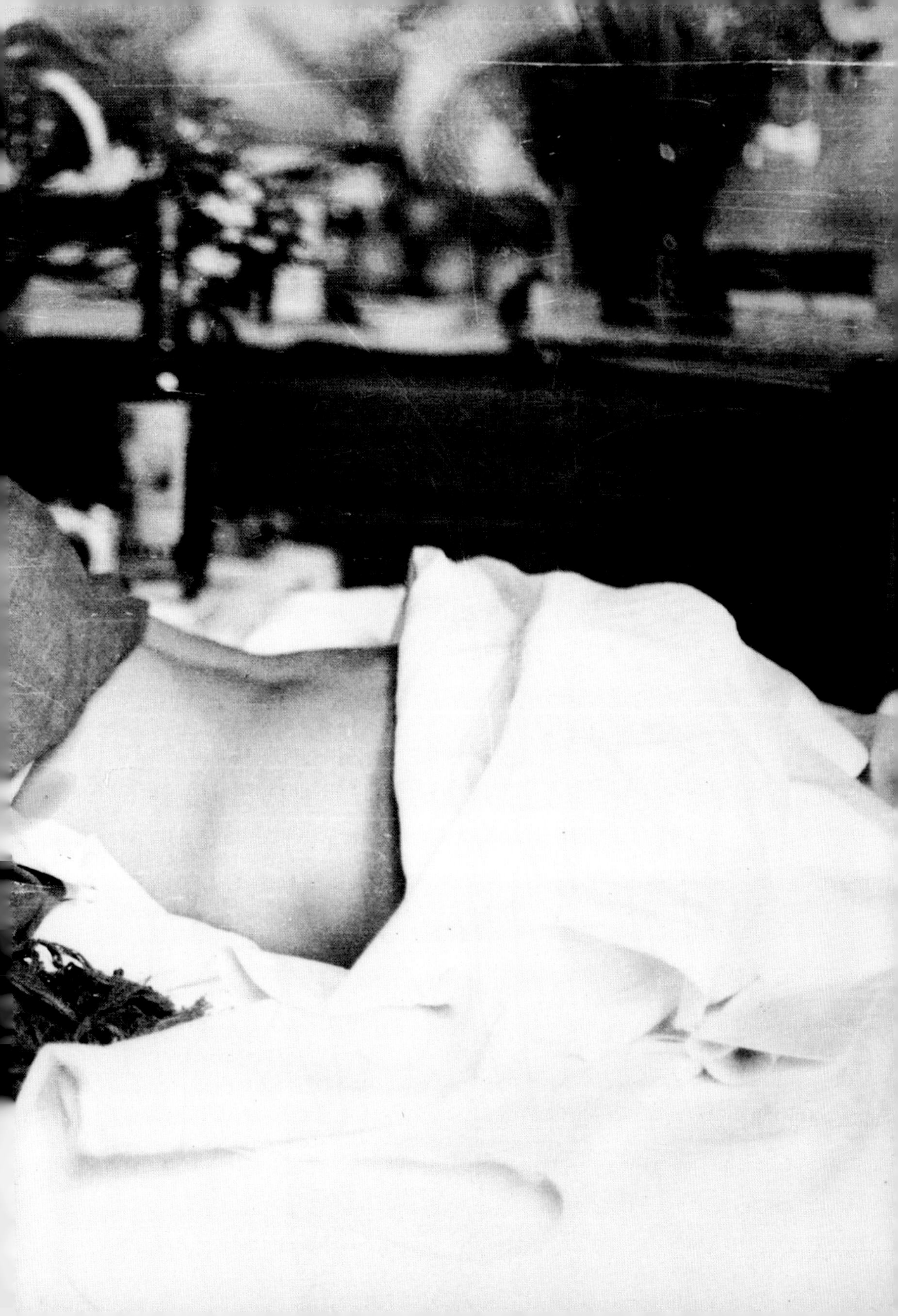

4 MESES Y MEDIO — 5 MESES 10 DIAS — 6 MESES 8 DIAS — 7 MESES — 8 MESES

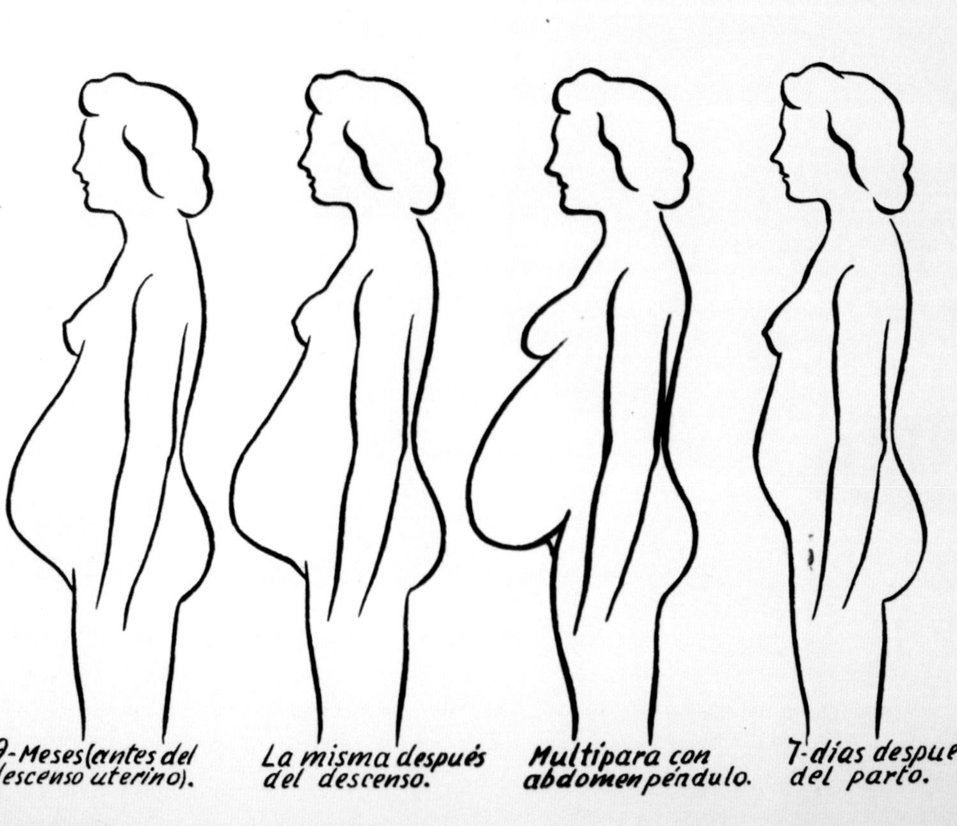

9-Meses (antes del descenso uterino). — La misma después del descenso. — Multipara con abdomen péndulo. — 7-días después del parto.

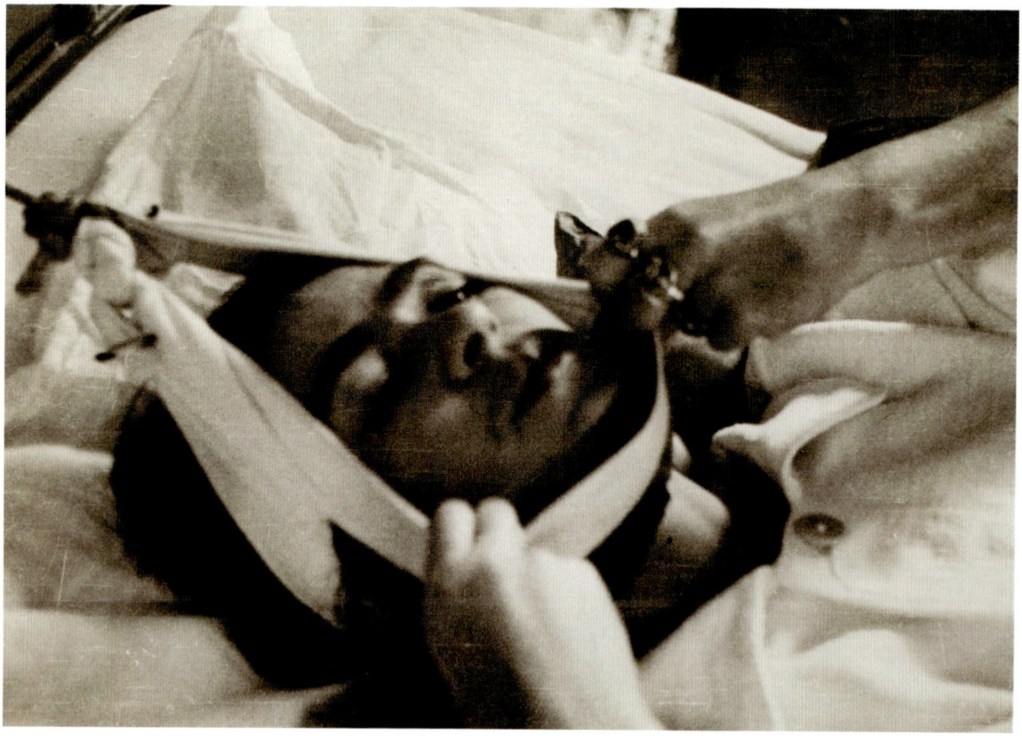

Frida em tração, Cidade do México, 1940. Foto: Nickolas Muray.

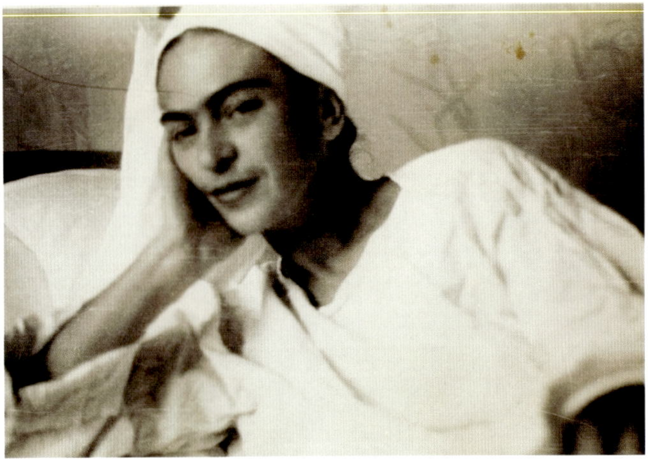

Frida no hospital em Nova York, 1946.
Foto: Nickolas Muray.

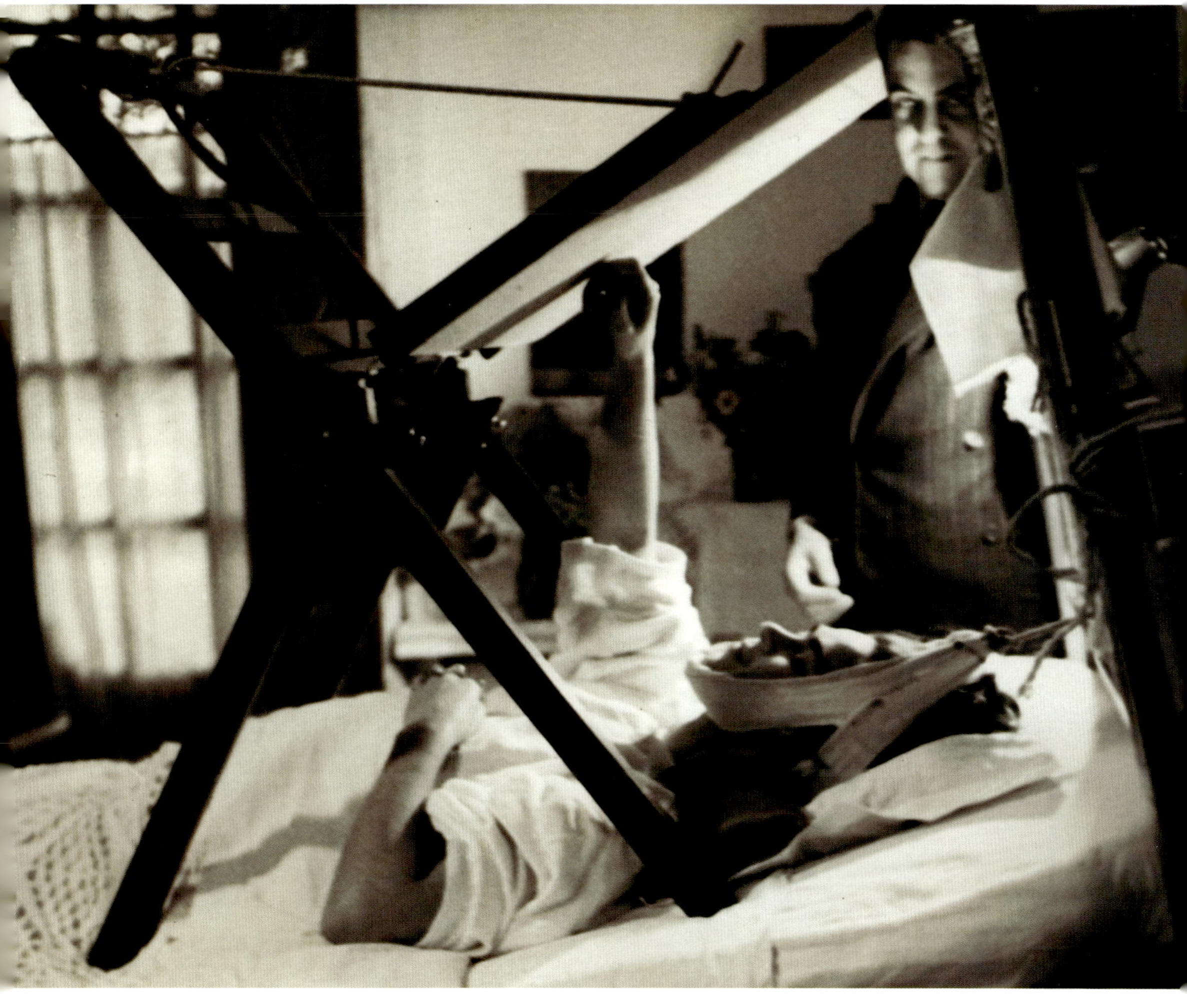

Frida pintando em sua cama, com Miguel Covarrubias a seu lado, Cidade do México, 1940.

Página seguinte: Frida Kahlo em Nova York, 1946. Foto: Nickolas Muray.

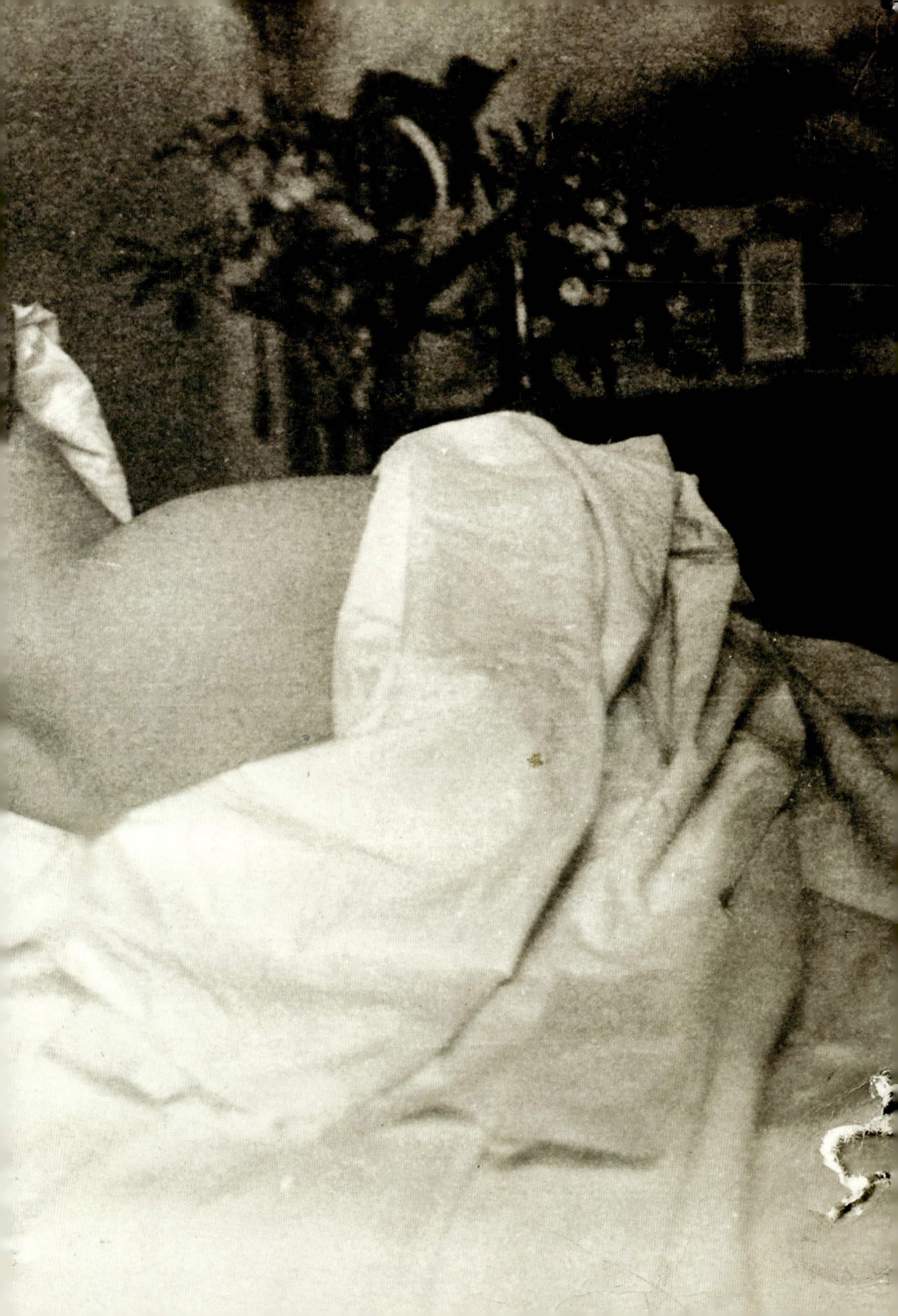

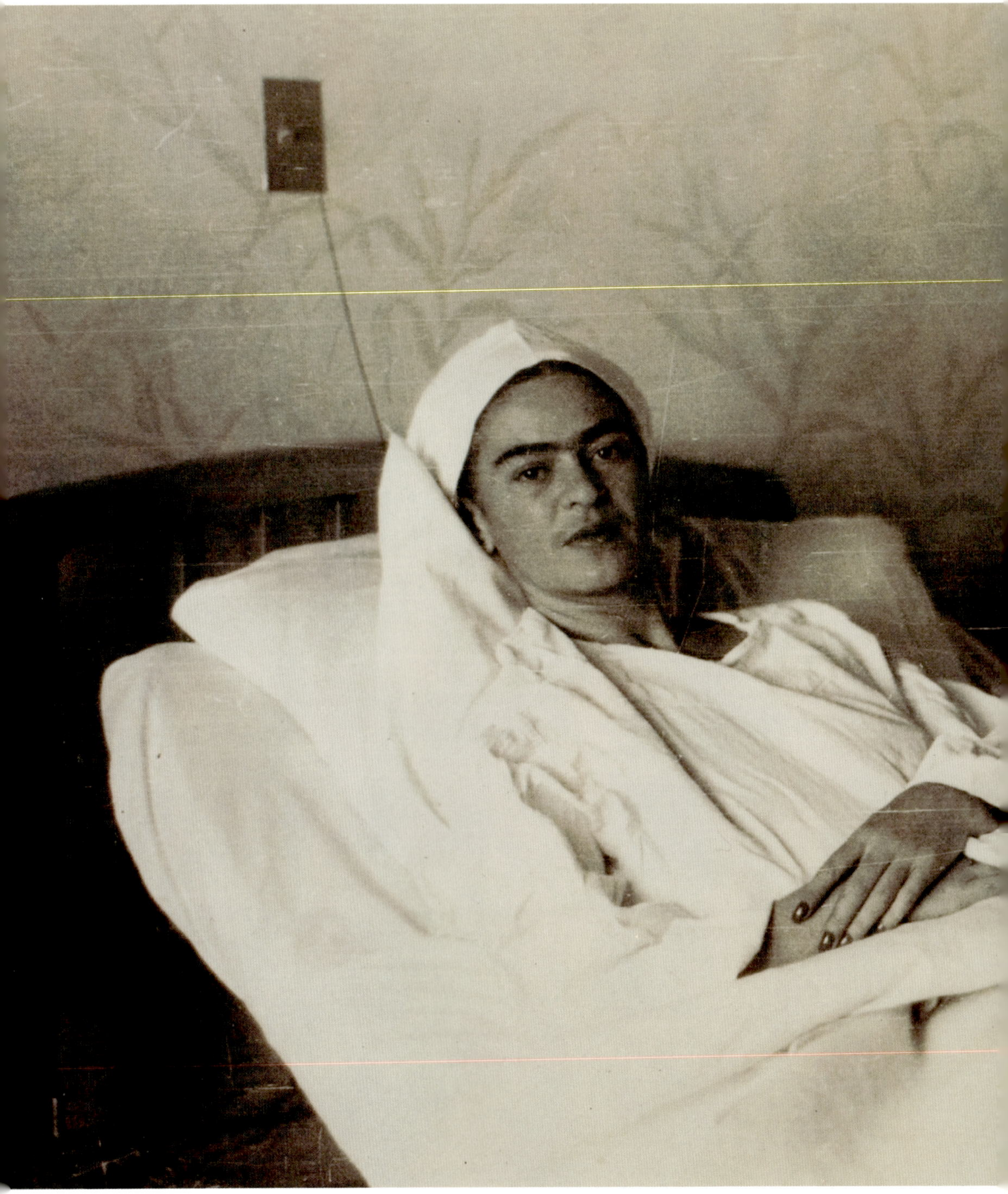

Frida no hospital em Nova York. No verso:
"Operação Frida before June 10 1946".
Foto: Nickolas Muray.

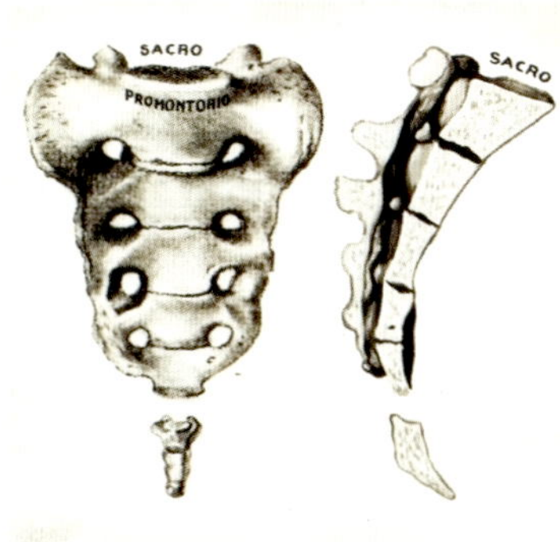

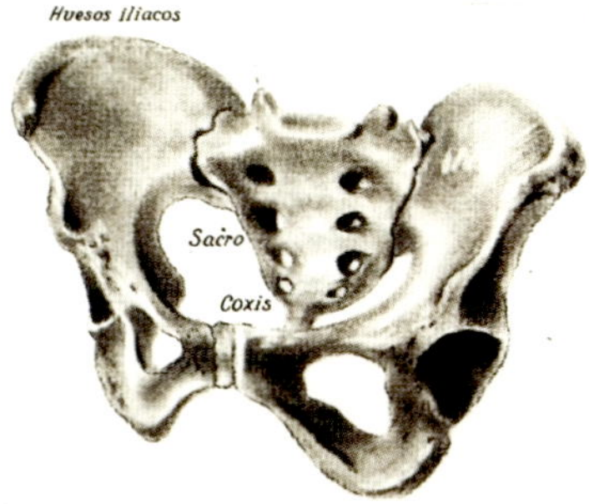

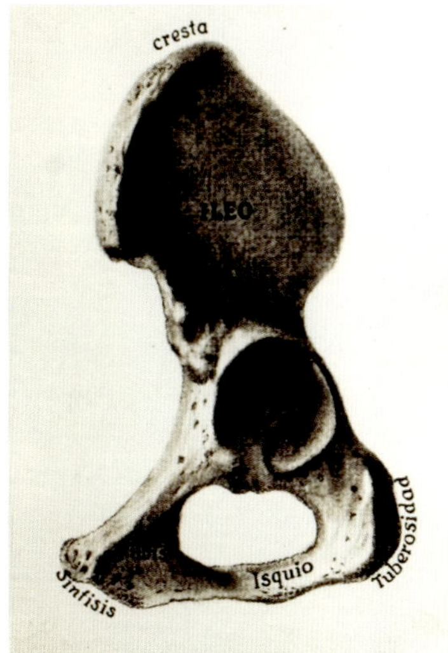

Três ilustrações anatômicas dos ossos do quadril.

Frida e Cristina no hospital em Nova York, junho de 1946. Foto: Nickolas Muray.

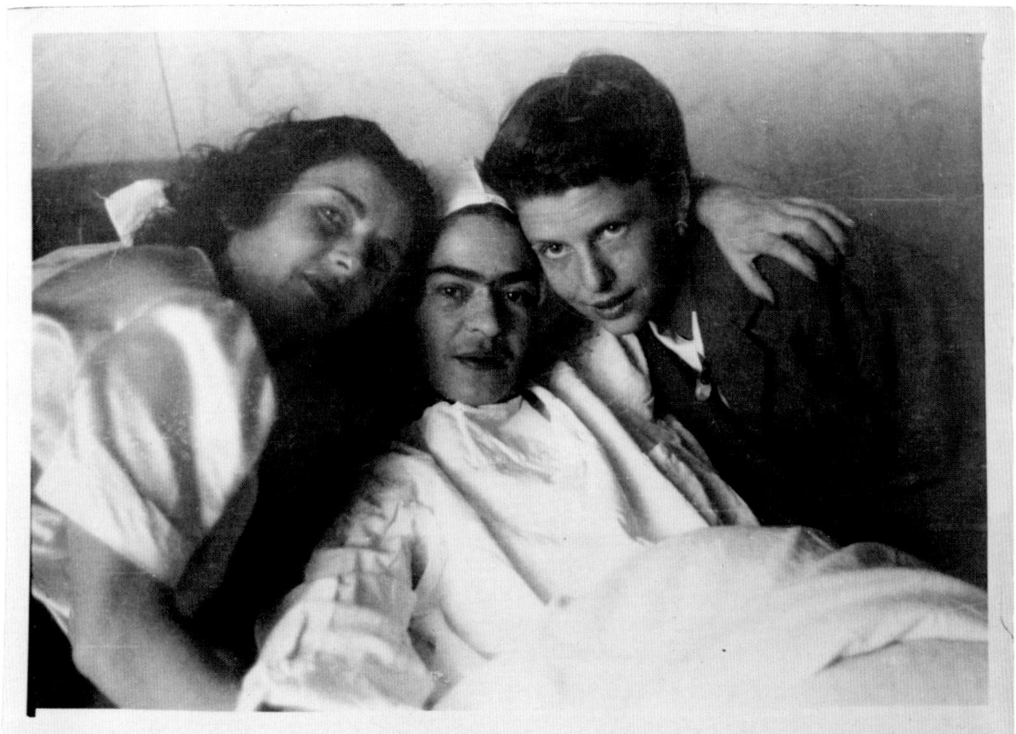

Cristina, Frida e Sonia Sekula. No verso: "Operação
Frida before June 10 1946". Foto: Nickolas Muray.

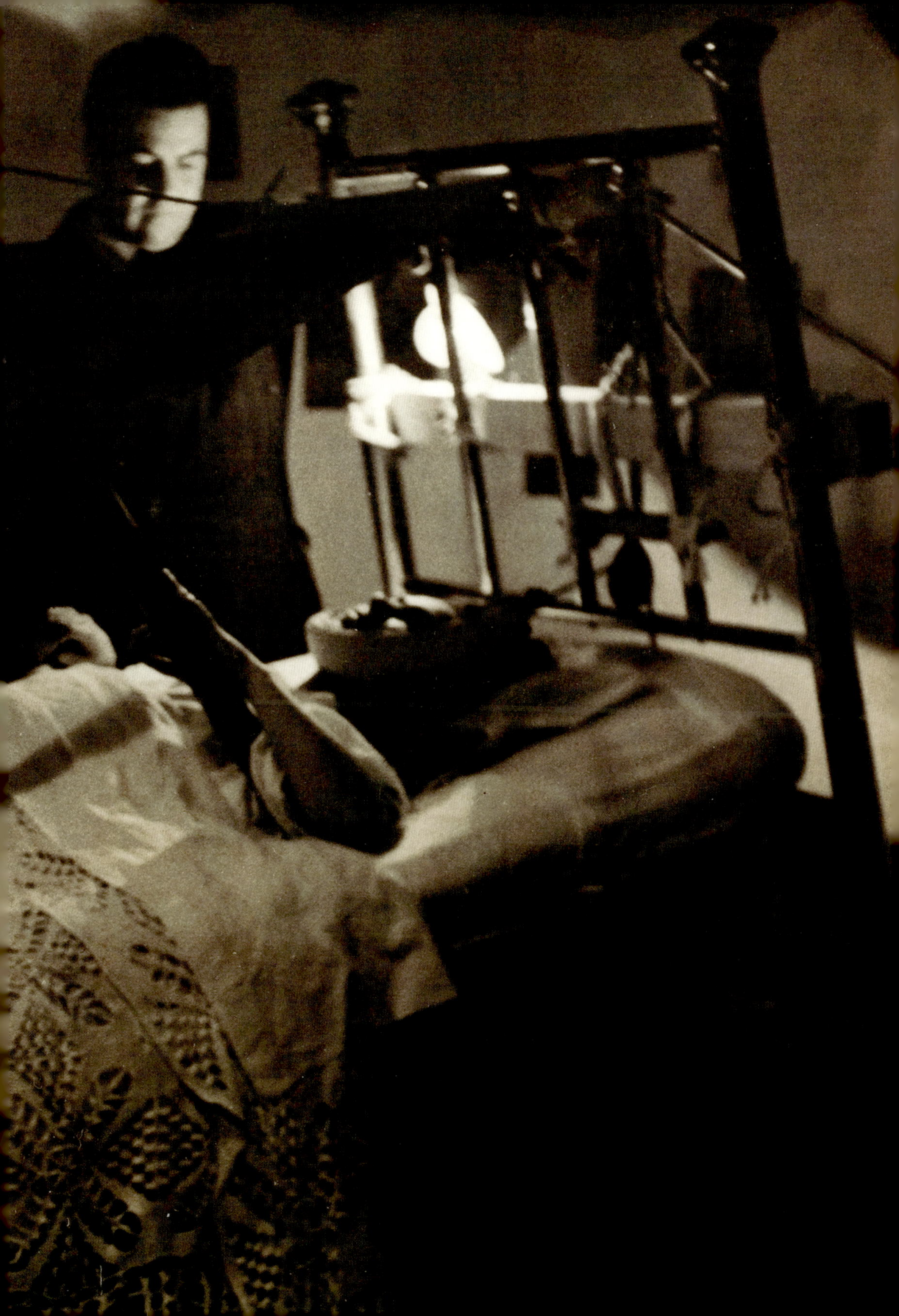

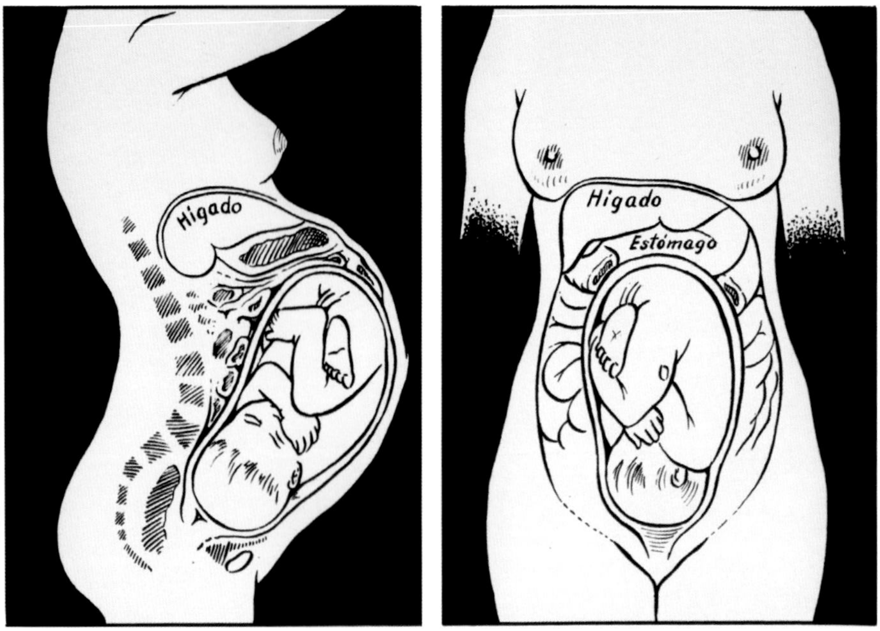

Página anterior: Frida pintando em sua cama; de pé, Miguel Covarrubias, Cidade do México, 1940.

Ilustrações anatômicas da posição do feto.

Frida Kahlo, 1943.

Gisèle Freund, autorretrato.

O doutor Juan Farill e Frida em seu ateliê, na Casa Azul, 1951. Foto: Gisèle Freund.

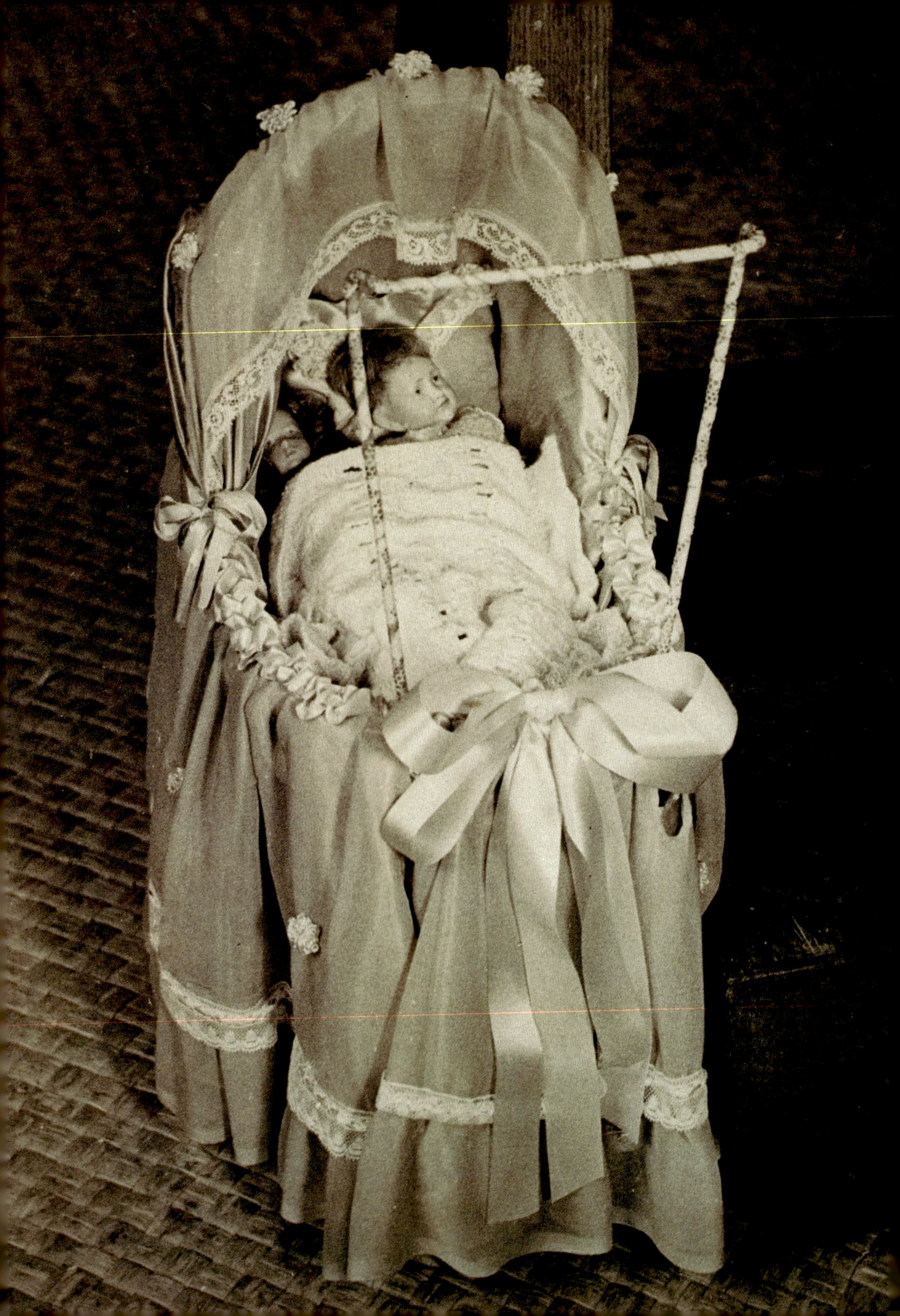

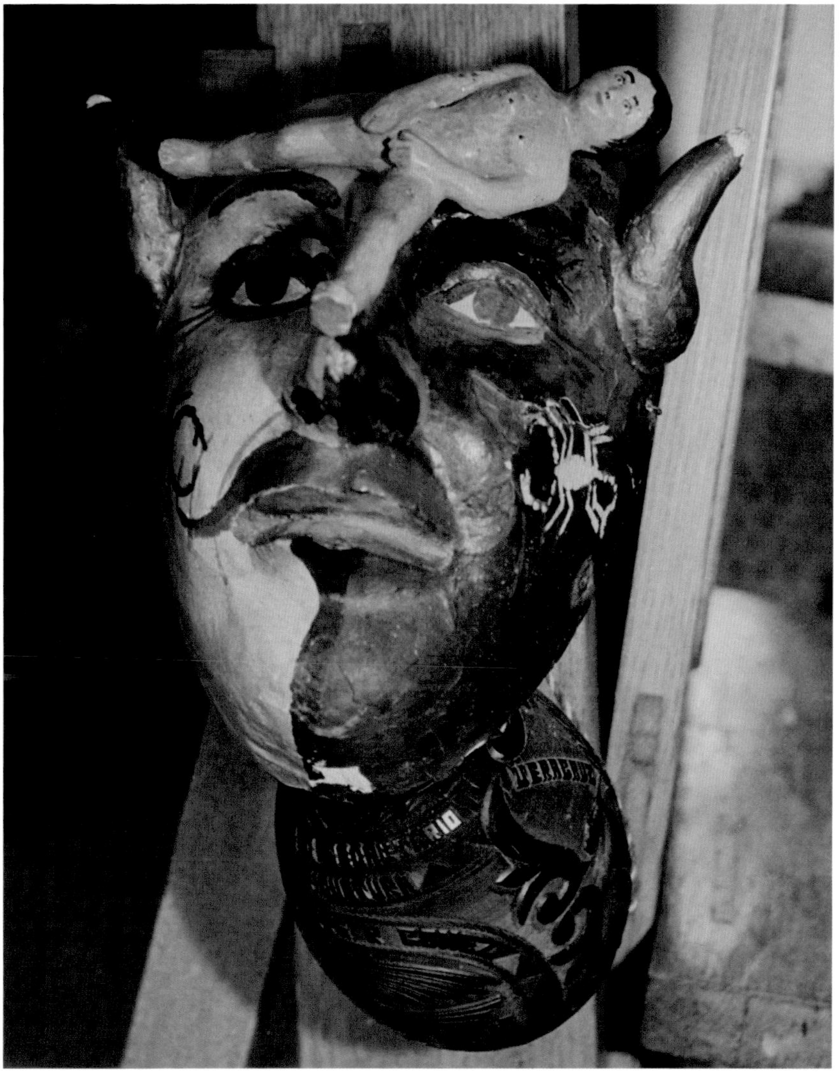

Máscara, Cidade do México, c. 1951.
Foto: Gisèle Freund.

Bonecas de Frida, Cidade do México, c. 1951.
Foto: Gisèle Freund.

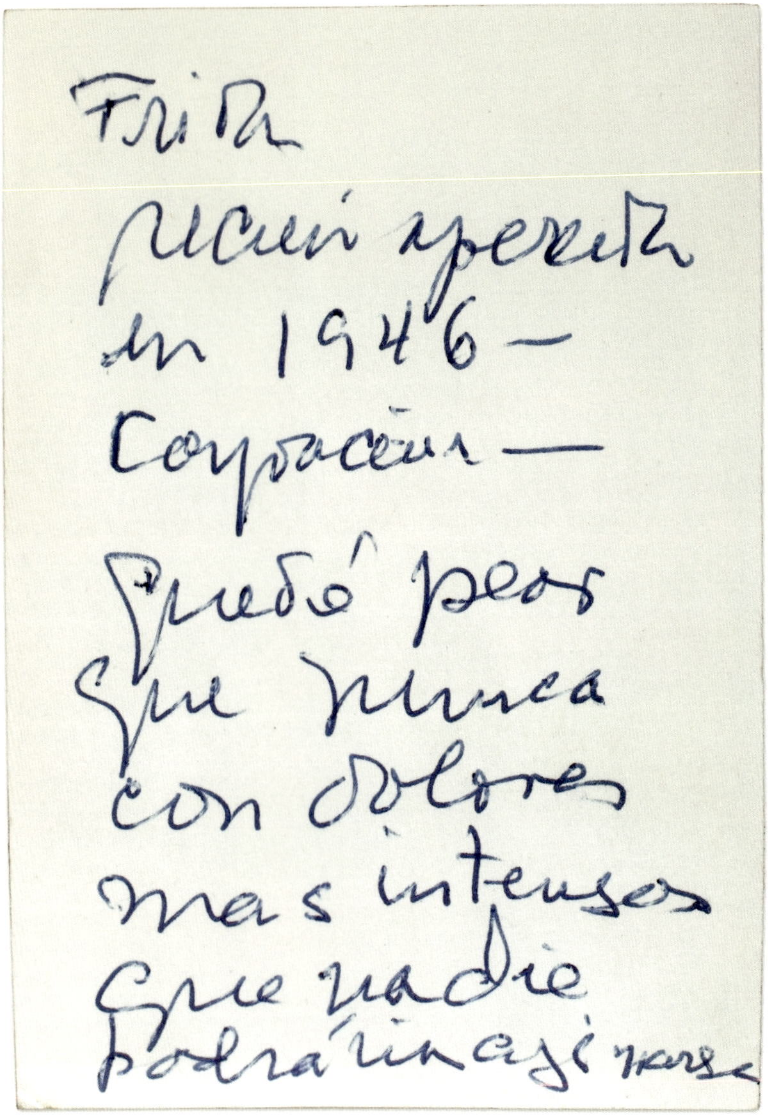
Frida
quien apareció
en 1946 —
Coyoacán —
quedó peor
que nunca
con dolores
mas intensos
que nadie
podrá imaginarse

Frida na Casa Azul. No verso: "Frida recém-operada em 1946 – Coyoacán – ficou pior do que nunca com dores mais intensas, que ninguém poderá imaginar". Foto: Antonio Kahlo.

Página 230: Chicomecóatl, deusa da agricultura.

Página 231: Frida Kahlo em companhia de Ema Hurtado, Cristina Kahlo e mulheres não identificadas.

FOTOS RASGADAS

Fotografia mutilada, com crianças e anciã não identificadas.

No alto: Carlos Veraza e Alfonso Rouaix na Casa Azul, 2 de novembro de 1926.

Embaixo: Pessoa não identificada.

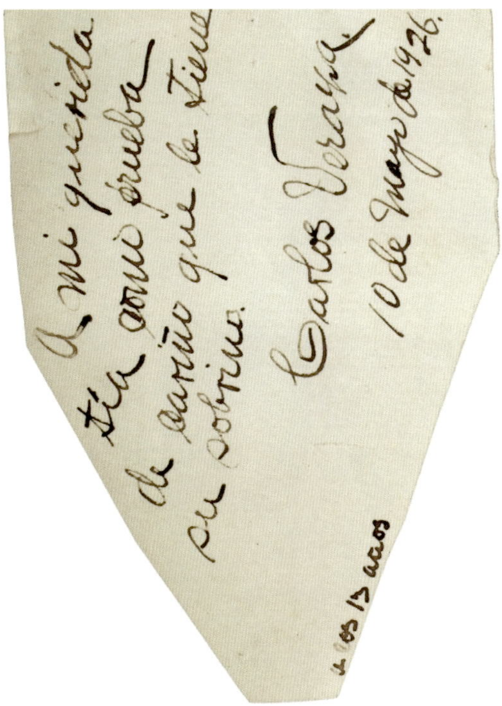

A mi querida tía como prueba de cariño que le tiene su sobrino.

Carlos Veraza.

10 de mayo de 1926.

Carlos Veraza, sobrinho de Frida Kahlo. No verso:
"À minha querida tia como prova do carinho que seu sobrinho lhe tem. Carlos Veraza. 10 de maio de 1926".

 Matilde Calderón, mãe de Frida.

À esquerda, John J. Kan; as imagens recortadas são de Diego Rivera e Frida Kahlo; à direita, a doutora Layman e a senhorita Wolf – antiga assistente de Diego Rivera –, no restaurante Cathay House, Estados Unidos, c. 1940.

Octavio Bustamante, Ángel Salas, a imagem recortada é de Alejandro Gómez Arias, e, à direita, Miguel N. Lira, c. 1927.

No alto: Olga Campos. Embaixo: Dolores del Río.

À esquerda, Jean Abbott Wright, a imagem recortada é de Frida Kahlo, e, à direita, Cristina Hastings. Detroit, Michigan, 21 de abril de 1932.

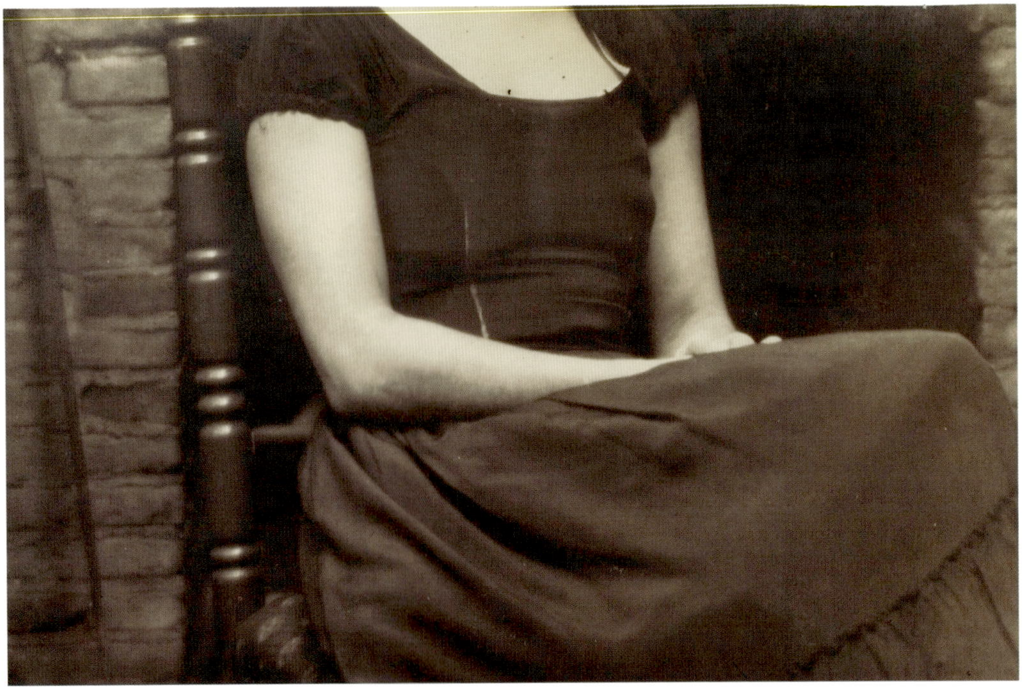

Corpo de Frida, São Francisco, Califórnia, 1931.
Foto: Peter A. Juley & Son.

Cabeça de Frida, São Francisco, Califórnia, 1931.
Foto: Peter A. Juley & Son.

 Diego Rivera e pessoa não identificada, Paris, c. 1919.

À esquerda, casal não identificado, Guadalupe Marín, o rosto recortado é de Frida Kahlo. Hotel Barbizon Plaza, Nova York, 1933. Foto: Lucienne Bloch.

V

AMORES

MEXERICOS EM PRATA SOBRE GELATINA

James Oles

Para aqueles que buscaram durante anos informações sobre Frida Kahlo – entre eles, as pioneiras Raquel Tibol e Hayden Herrera; a primeira, jornalista e (tardia) integrante de seu círculo, e a segunda, uma detetive acadêmica que teve a vantagem de manter uma distância maior –, que frustração foi descobrir que, para cada fragmento de informação sobre a artista que vinha à luz, havia mais, muito mais, guardado a chave em uma seção da Casa Azul. As roupas encontradas no, agora famoso, "banheiro" foram tema de um estudo muito amplo,[1] e com o tempo outros assimilarão e analisarão as cartas, documentos, livros autografados e só Deus sabe o que mais encontrado ali depois que a porta foi aberta, finalmente, em 2004. Neste breve ensaio, gostaria de me referir a um conjunto de fotografias que não haviam sido vistas desde o final da década de 1950, as quais constituem evidência das amizades de Kahlo, de seus amores correspondidos e talvez não correspondidos, e de relações cujo verdadeiro *status*, cuja verdadeira importância, se perderam no tempo.

Estas fotografias fazem parte de uma coleção pessoal que inclui imagens – algumas das quais datam do século XIX – tanto da família de Kahlo como da de Rivera. Há obséquios pessoais de visitantes, amigos e admiradores; retratos públicos "oficiais" e instantâneos informais privados, assim como muitas outras fotografias reunidas ao longo dos anos, seja

1. Cf. Denise Rosenzweig, *El ropero de Frida*. Metepec, Estado do México: Museo Dolores Olmedo/ Zweig Editoras, 2007.

como fontes iconográficas, como lembranças ou como objetos efêmeros colecionáveis. Trata-se, em todo caso, das imagens que Kahlo conservou até sua morte, ocorrida em 1954, já que em algum momento entregou a Leo Eloesser, seu médico em São Francisco, mais de quatrocentas fotografias – algumas eram duplicatas, outras correspondiam às mesmas seções das imagens encontradas no arquivo da Casa Azul – para que as resguardasse.[2] Nem Kahlo nem Rivera parecem ter-se interessado em conservar cada pedaço de papel que passou alguma vez por suas mãos, ou talvez estivessem ocupados demais para se preocupar com o lugar onde as coisas estavam, ou talvez entendessem que os herdeiros não necessariamente são os melhores fiadores de um legado.

Embora a maioria das fotos encontradas em 2004 pareça estar mais vinculada a Kahlo, muitas pertenceram à coleção pessoal de Rivera: evidentemente, aquelas que estavam dedicadas a ele – como a da pintora Ione Robinson, de passagem por um povoado da França, antes de sua ida para o México e de se tornar uma de suas assistentes –,[3] mas também as dezenas de imagens recopiladas ao longo dos anos como fonte para seus quadros. Também há algumas fotografias ainda mais pessoais: Rivera jogado em uma cama em Paris em 1909; Angelina Beloff amamentando seu primeiro filho;[4] Rivera, Siqueiros e outros posando em 1919 diante de um painel ilustrado com a Grande Roue e a Torre Eiffel; Guadalupe Marín segurando Lupe pequenina, no mexicaníssimo interior de sua casa no número 12 da rua

---

2. Cf. "Photographs from the Vicente Wolfe Collection", em *Frida Kahlo*. Minneápolis: Walker Art Center, 2007, pp. 225-88. Igualmente, alguns dos documentos pessoais mais importantes de Diego Rivera encontram-se no arquivo de seu biógrafo Bertram Wolfe (nenhum parentesco com Vicente) na Hoover Institution da Universidade de Stanford.

3. Apesar do que foi anotado por ela, o mais provável é que tenha sido tirada em Cagnes em 1928, um ano antes de chegar ao México. Cf. Ione Robinson, *A Wall to Paint On*. Nova York: E.P. Dutton, 1946.

4. O bebê nasceu em agosto de 1916 e morreu durante a epidemia de gripe de 1918.

Mixcalco (embora Rivera tenha sido recortado à esquerda).[5] Também há muitas fotos que carecem de inscrições ou de alguma marca que poderiam ter sido de Rivera, mas nunca saberemos. Em qualquer relação íntima – e, apesar de certas batalhas, essa foi uma relação terrivelmente íntima –, as fotografias e os documentos vão e vêm; nos dias de felicidade romântica, não há preocupação com reviravoltas, mas depois, em um momento de irritação, a gente pega o que encontra e enfia num envelope antes de bater a porta, esquecendo a caixa de sapatos debaixo da cama.

As fotografias aqui publicadas, selecionadas entre as centenas encontradas em caixas e caixotes na Casa Azul, narram histórias que são paralelas – embora não com perfeição – àquelas contadas nas centenas de cartas achadas no mesmo arquivo.[6] Às vezes, as cartas mencionam fotografias específicas enviadas, recebidas ou simplesmente desejadas: quando de sua partida do México, Isamu Noguchi enviou uma de "seu Adônis com uma barba de três dias", que não foi encontrada; ao regressar a Nova York, Tara Pandit pediu uma cópia da foto em que aparece com sua irmã e Frida. Às vezes, as cartas fornecem informações fundamentais para ajudar a contextualizar as fotografias, mas o mais frequente é os textos serem tão ambíguos quanto a evidência visual. Embora apresentem novos e fascinantes detalhes, essas imagens e cartas encontradas depois de tantos anos basicamente reafirmam algo que já sabíamos: que Kahlo, juntamente com Rivera, estava no centro de um mundo muito sofisticado e internacional, com admiradores (não só amantes) dedicados, procedentes de diversos lugares e diferentes áreas: de Frances Toor e Marte R. Gómez a Walter Pach e Julien Levy, de Breton a Trótski, da atriz Paulette Goddard ao distribuidor de arte chinês C.T. Loo, para mencionar apenas alguns e ignorando, obrigatoriamente, aqueles que permanecem no anonimato.

5. Uma fotografia similar, com Rivera presente, foi publicada na revista *Mentor* em abril de 1926.

6. *Escrituras de Frida Kahlo*, de Raquel Tibol (México: Plaza y Janés, 2004), inclui as cartas que Kahlo mandou a seus amigos; no Arquivo da Casa Azul, temos as cartas que ela recebeu.

As fotografias apresentam formatos variados: desde os pequenos instantâneos com bordas serrilhadas até as elegantes impressões emolduradas, tiradas por fotógrafos amadores, ambulantes e profissionais, assim como por colegas artistas. Sua heterogeneidade nos faz lembrar quão diversos eram os modos de produção e distribuição da fotografia antes da padronização na era digital. Há postais baratos feitos por fotógrafos itinerantes: Juan O'Gorman e sua primeira esposa, uma russa chamada Nina Masarov (c. 1933); Isabel Villaseñor com sua filha Olinca (1945); Emmy Lou Packard emoldurada, em uma *collage*, por uma janela cafona rodeada de flores e pombas (p. 169). Duas imagens mostram Miguel Covarrubias e Nickolas Muray – amigos próximos de Nova York – em alguma praia mexicana em 1938: embora ambos carreguem câmeras, as fotos foram tiradas provavelmente pelo fotógrafo local, cujo pequeno *display* aparece ao fundo. Também há cartões de Natal fotográficos de uma época em que os norte-americanos, especialmente, dedicavam horas a esse gênero: envios de Muray, outra vez, assim como do galerista e curador Carl Zigrosser, de Clifford e Jean Wright (velhos amigos da época em que Rivera pintou seus primeiros murais em São Francisco), e inclusive do fotógrafo nova-iorquino Weegee.

Há o que parece ser um interminável desfile de amigos tanto de Frida como de Diego: a pintora francesa Alice Rahon, deitada na areia; Lucienne Bloch, outra assistente de Rivera, em Nova York na época em que ele estava trabalhando no Rockefeller Center; o marido de Bloch, Stephen Dimitroff, anos depois, com seus três filhos – Geddo (George), Pancho e Sita –, de pé sobre um tronco de madeira petrificada no Arizona; a norte-americana Annette Nancarrow, pintora e designer de joias, em uma foto carregando uma imagem pré-hispânica falsa e em outra usando uma máscara de caveira;[7] Ella Wolfe, a leal companheira de Bertram Wolfe,[8] andando pelo campo com câmera e tripé na mão. A colecionadora e galerista de arte Galka

7. Agradeço a ajuda de Rosemary Carstens para confirmar essa identificação.

8. Cf. Jeanene Harlick, "Life of the Party", *Stanford Magazine*, jan. fev. 2002.

Scheyer, que conheceu os Rivera em São Francisco em 1931, dormindo sob um Kandinsky;[9] uma foto do passaporte do poeta Jorge Cuesta; um retrato do galerista de Diego e Frida, Alberto Misrachi (dono da Galeria Central de Arte), que Kahlo usou para uma pintura a óleo sobre metal em 1937. Também há retratos formais realizados por Carl van Vechten (Duchamp, 1933), George Hurrell (Dolores del Río, c. 1937) e Man Ray (Breton, 1938), assim como uma foto muito menos "artística" de Henry Ford, um *souvenir* dos dias em Detroit.

Algumas das figuras que aparecem nestas páginas são tão famosas – ou quase – quanto os próprios Kahlo e Rivera; seus rostos são facilmente reconhecíveis, inclusive sem as inscrições (esse é o caso de Trótski, Duchamp e Breton). Dois magníficos retratos de Tina Modotti e outro de Lupe Marín foram tirados por Edward Weston antes que Modotti conhecesse Kahlo em 1928; porém, nesse caso, também é difícil saber quem presenteou quem e quando (Weston a Rivera em 1926? Modotti a Kahlo em 1928?); entretanto, uma significativa foto das duas mulheres posando em um terraço[10] comprova sua estreita relação, antes dos ataques a Tina na imprensa e seu consequente exílio depois do assassinato de Julio Antonio Mella (quão diferente é essa dupla de meninas do *close-up* de Kahlo e Lupe Marín fotografadas cerca de vinte anos depois, em que a dobradura cria uma divisão real entre as duas esposas). Um instantâneo de Georgia O'Keeffe e Alfred Stieglitz registra, talvez, sua chegada à abertura

---

9. Scheyer e Rivera organizaram uma exposição dos "Quatro Azuis" na Biblioteca Nacional no final de 1931. Cf. Josef Helfenstein, "Anticipating a Great Market", in *Klee in America*. Houston: The Menil Collection, 2006, pp. 147-50.

10. Um pouco de trivialidade: Weston (que não pode ter tirado essa fotografia) fotografou Modotti usando o mesmo vestido bordado (mas sapatos diferentes), de pé diante de outro muro (Avenida Veracruz, 42), em companhia de Covarrubias, por volta de 1924. Cf., por exemplo, Margaret Hooks, *Tina Modotti: Photographer and Revolutionary*. Londres: Pandora, 1993, p. 99. Modotti e Kahlo parecem estar no terraço de um edifício colonial (talvez o mosteiro de Tepotzotlán). Como muitas das fotografias aqui comentadas, esta sugere uma história cuja trama detalhada é melhor deixar nas mãos de um romancista.

da exposição de Kahlo na Galeria Julian Levy em novembro de 1938, ou talvez não (só se pode especular se Kahlo estava presente quando certas fotografias foram tiradas). Frida também colecionou não poucas fotos publicitárias de mulheres que eram ainda mais sedutoras do que ela, como Dolores del Río e María Félix. Uma imagem de Paulette Goddard registra uma sessão realizada na primavera de 1940, quando posava para um retrato sensual no ateliê de Rivera: na pintura, uma indigeníssima Nieves Orozco – que aparece nua em outra fotografia, sentada sobre uma esteira – arruma o cabelo da elegante estrela gringa.[11] Tratava-se de uma lembrança entesourada por um Diego luxurioso, ou era talvez um presente de Goddard a Kahlo, que estava então divorciada de Rivera? Nossa incapacidade de separar por completo os arquivos de Rivera e Kahlo torna ainda mais profundo o mistério quando se desconhece o sujeito retratado. Tomemos, por exemplo, a fotografia de uma mulher sentada no para-choque de um carro pertencente ao consulado mexicano em Detroit. No verso, alguém garatujou alguns versos de "Beloved" – canção de Ruth Etting que foi sucesso em 1928 –, mas quem? Temos certeza de que foi a mulher do casaco de pele? E a quem eram dirigidas essas linhas?

Quanto às fotografias que podemos relacionar diretamente a Frida Kahlo, algumas de fato revelam seus breves relacionamentos e seus prolongados amores – além de sua relação com Rivera, que merece uma análise à parte –, mas em geral requerem uma confirmação derivada de sua biografia ou de sua correspondência, já que a evidência visual não é conclusiva por si mesma. Algumas estão livres de qualquer implicação romântica: o doutor Philip D. Wilson, um renomado cirurgião ortopédico, dedicou a Kahlo um retrato em 1946, ano em que ela viajou a Nova York

11. O retrato de Goddard foi vendido no leilão de arte latino-americana da Sotheby's (n. 5938, lote 37), em novembro de 1989. Rivera estava trabalhando nesse quadro em 24 de maio de 1940, data da tentativa de assassinato de Trótski por parte de Siqueiros e outros. Nieves, uma mulher otomi [indígenas que ocuparam inicialmente o Altiplano Central do México (N.T.)], era uma das principais modelos de Rivera e aparece em várias pinturas dessa época, não poucas vezes nua.

para uma dolorosa operação de coluna; mais tarde, ela chamou Wilson de "salvador da minha existência leve", em parte porque lhe receitou morfina.[12] E, embora seu rosto apareça várias vezes no arquivo, as imagens de Arcady Boytler, o cineasta russo que chegou ao México em 1933, revelam uma amizade "desinteressada e benevolente",[13] à qual quase não se faz alusão na biografia escrita por Herrera em 1983.

A marca do batom de Frida, deixada em datas desconhecidas em algumas fotografias e cartas, nem sempre indica paixão; nem sequer a foto em que ela beija um homem com chapéu maçônico pode ser interpretada como prova de uma relação amorosa. Mesmo quando sabemos que houve um romance (ou algo mais), as fotografias nunca são eróticas. Trata-se mais exatamente de registros de corpos, algumas vezes abraçados, como a do jovem Alejandro Gómez Arias, que posa diante de uma ornamentada porta colonial ao lado da igreja de São João Batista em Coyoacán e a assina, simplesmente, como seu "chapa" [Gómez Arias foi extirpado do centro de uma fotografia posterior dos Cachuchas, sua turma preparatoriana, talvez não tanto para excluí-lo, e sim para ter um detalhe seu à mão (p. 239)]. As histórias das relações de Frida Kahlo com o fotógrafo nova-iorquino Nickolas Muray e o exilado Leon Trótski são conhecidas há décadas, embora as inúmeras fotografias dos dois homens ofereçam relativamente pouca evidência amorosa.[14] O mesmo ocorre, de fato, com o retrato de Isamu Noguchi fumando um cigarro em algum lugar da Califórnia em 1935, tirada por Edward Weston; sem dúvida, foi um presente dado a Kahlo durante a

12. Carta a Antonio Ruiz, *el Corcito* (20 de fevereiro de 1947), em R. Tibol, op. cit., p. 338. Para conhecer em detalhes sua experiência com Wilson, cf. Hayden Herrera. *Frida: A Biography of Frida Kahlo*. Nova York: Harper Perennial, 1983, pp. 349-355.

13. Raquel Tibol, op. cit., p. 347. Boytler recomendou Wilson a Kahlo. O médico é mais conhecido por ter operado a coluna de John F. Kennedy em 1950.

14. O arquivo inclui muitas cartas emocionalmente intensas de Muray que datam de cerca de 1938 em diante, mas nenhuma de Trótski (o que talvez não seja surpreendente, dado que todos os arquivos são, de algum modo, "editados" ou censurados).

breve relação que mantiveram enquanto ele terminava seu mural escultórico no Mercado Abelardo Rodríguez.[15] São as cartas dele que completam a história; em Orizaba, durante sua viagem de volta a Nova York, escreveu: "Já me sinto lançado à deriva em um mutante mar do tempo, já sem sinais conhecidos que me façam esquecer que o mundo é tão vasto e estranho, que estou tão só sem ti". Outra paixão foi compartilhada com a agora esquecida pintora expressionista Sonia Sekula, que aparece junto a seu cavalete. Como as de Noguchi, suas cartas estão cheias de nostalgia de Frida, que parece ter cultivado esses romances tão cuidadosamente como arrumava seus vestidos. Ao responder a Kahlo, de Nova York, em 12 de maio de 1945, Sekula rememorava: "Te sinto tão velozmente como uma pena – como uma música bastante entrecortada por portas e janelas –, como alguém muito frágil e muito honesto".[16]

Como Sekula, alguns dos personagens menos conhecidos nesse drama podem ser identificados, com um pouco de trabalho detetivesco, por meio das cartas e das inscrições que se conservam, assim como com as buscas agora imprescindíveis no Google. Em alguns casos, os vínculos com Kahlo passaram ao esquecimento, ou pelo menos foram deslocados da memória coletiva dos historiadores do século XXI. Sem as cartas, de fato, muitas dessas fotografias se manteriam relativamente mudas; depois de tudo, possuir uma fotografia de alguém pode significar absolutamente qualquer coisa: desde um laço social até uma paixão intensa. A poeta Adalgisa Nery posa em um luxuoso ambiente doméstico, enquanto se vê no reflexo do espelho o retrato que Portinari fizera dela em 1939; Nery havia chegado ao México como esposa de Lourival Fontes, designado embaixador brasileiro por Getúlio Vargas em 1944; a fotografia foi dedicada em 1945, mesmo ano em que Rivera a pintou exibindo um extravagante chapéu. Pierre de Lanux, escritor, conferencista profissional e ex-secretário literário de André Gide,

15. James Oles, "Noguchi in Mexico", *American Art*, n. 2, v. 15, verão 2001, pp. 10-33; e Hayden Herrera, op. cit., pp. 200-01.

16. Sobre a artista, cf. Nancy Foote, "Who was Sonia Sekula", *Art in America*, out. 1971.

descansa com sua filha Bikou em Cannes, em 1933. Seu romance com Kahlo, entretanto, parece datar do final dessa década; ao escrever a ela, em março de 1938, dizia à sua "Xóchitl":* "trato de relembrar cada cor, o lenço, a saia, a fita em seu cabelo, e pressionar tudo sobre meus olhos".[17] Um personagem menos romântico nessa saga é Tara Pandit, que aparece tanto sozinha como posando com sua irmã Rita e com Frida, todas vestindo sáris. Mais conhecida por seu nome de casada, Nayantara Sahgal, era sobrinha de Nehru e filha do representante da Índia nas Nações Unidas. Tara acabara de se graduar no Wellesley College quando viajou ao México em 1947 e conheceu Kahlo.[18] A relação de Frida com Nery, Lanux e Pandit mal é mencionada – se é que é mencionada – nas biografias existentes de Kahlo, prova de que seu arquivo ainda tem muitas histórias para contar.

Além de aludir à vida amorosa de Kahlo, além de modificar uma complexa biografia que já foi contada demasiadas vezes (como bordar um tapete que já está suficientemente enfeitado), estas fotografias, como as de qualquer vasta coleção, também contam diminutas e talvez insignificantes (pelo menos quando tomadas em separado) anedotas da história cultural. A foto de Lucienne Bloch nas ruínas de um edifício na cidade de Nova York pode ser datada graças ao cartaz que anuncia *The Phantom President*, filme de Norman Taroug; uma fotografia do *Normandie* – que Kahlo tomou de Nova York a Paris em janeiro de 1939 – nos faz lembrar que alguma vez o subcomandante de um transatlântico se tornou tão famoso que os passageiros lhe pediam que pusesse seu autógrafo sobre fotos do navio; uma fotografia na qual aparecem os Nery e os Tamayo com Kahlo, cuja

---

* Flor, na língua asteca. [N.T.]

17. Cf. Valerie Komor, "A Finding Aid to the Elizabeth Eyre de Lanux Papers, 1905-1992, in the Archives of American Art". Os arquivos da Casa Azul incluem um folheto publicitário dos anos 1930 "recomendando M. de Lanux a futuros públicos norte-americanos".

18. Sua mãe era Vijaya Lakshmi Pandit, a irmã mais velha de Nehru. Isamu Noguchi também era amigo de Tara, de quem fez um retrato em 1947.

roupa de tehuana a distingue daqueles amigos inabalavelmente burgueses, recorda o costume perdido de se vestir com elegância para uma noite de festa na cidade e fazer-se fotografar por uma moça bonita, com um brilhante flashaço.[19]

Não obstante as habilidades detetivescas do pesquisador, a identidade de alguns dos retratados continua perdida para a posteridade (o tempo passa, uma ou mais gerações morrem e, de repente, já não resta ninguém vivo, nem uma alma, que possa identificá-los). Quem é o cadete alemão no retrato de estúdio feito em Wilhemshaven (tirado antes que "Frieda" se tornasse "Frida")? E quem são os dois soldados mexicanos? Vistos aqui juntos, por acaso revelam alguma atração pelo exército ou vice-versa? Quem é o arqueiro sem camisa chamado Paco e para o que está apontando? Quem é esse Sergio que teme viajar por mar e que assina um retrato não dele, e sim de uma mulher? E quem é o pirata?[20]

Finalmente, para os estudiosos de Kahlo, nenhuma dessas fotografias causará realmente um impacto transformador: depois de tudo, inclusive aquelas que mostram indivíduos identificados, são mais exatamente fragmentos de mexericos preservados em prata sobre gelatina, tão oblíquos e subjetivos como qualquer murmúrio, falatórios mais que testemunhos. Repassar esse material é mais desgastante que excitante, mais confuso que informativo. Muda a forma como imaginamos Kahlo ou tão somente nos permite descobrir uns quantos picantes (e não tão picantes) detalhes? Distrai-nos novamente de sua arte ou é sua arte realmente inseparável de uma autoinvenção instigada e alentada por uma voragem de personalidades

19. Talvez a boate Casanova, a julgar por um cartão no arquivo que está assinado pelas mesmas pessoas.

20. Os cientistas perceberam a impressionante capacidade – muito maior que a de qualquer computador – dos humanos para reconhecer rostos individuais (assim como sua incapacidade para fazê-lo, o que se denomina prosopagnosia). Mas só se pode reconhecer quem se conheceu, na vida ou em um registro visual (como a fotografia), e há muitas pessoas que nem eu nem os editores deste livro conhecemos, mas cuja identidade certamente se revelará assim que outras pessoas virem estas fotografias.

internacionais e visualizada tanto através das fotografias – e textos – quanto por sua pintura de cavalete?[21] Creio que isso é certo em ambos os casos, mas temo ter caído eu mesmo, de algum modo, na tentação que todos sentimos de meter o nariz na vida privada dos demais, especialmente nesta era do Facebook. Como aquela norte-americana não identificada cuja "posição normal na vida" é ter as pernas abertas, temos que ser cuidadosos com o que escrevemos. Que aterrorizante seria saber que nossa brincadeira acabou sendo publicada, em cinco idiomas, em 2010!

★

21. Em uma resenha da mostra retrospectiva de Kahlo de 2007 no Museu de Arte da Filadélfia, critiquei o design de uma instalação que privilegiava as fotografias da coleção Wolfe (cf. nota 2); neste ensaio, descubro-me caindo em uma armadilha semelhante. Cf. James Oles, resenha de "Frida Kahlo", *caa.reviews*, 20 ago. 2008.

Diego Rivera em seu ateliê de San Ángel.
Cidade do México, c. 1940.

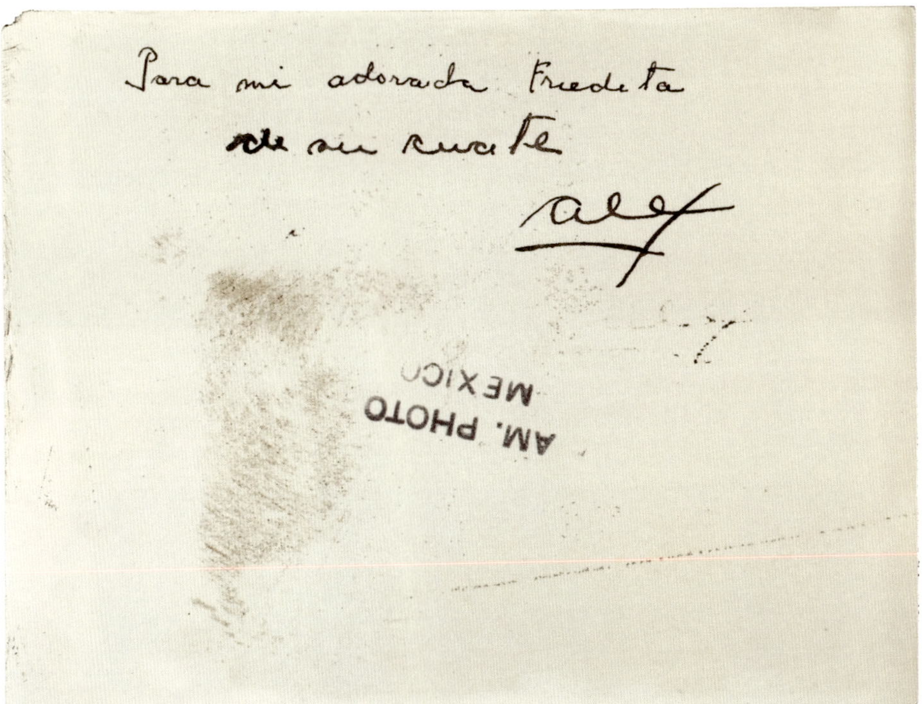

No verso: "Para minha adorada Friedita
de seu chapa Alex".

Frida Kahlo, c. 1929.

Alejandro Gómez Arias, c. 1929.

Página seguinte: Angelina Beloff e seu filho Diego Miguel Ángel Rivera y Beloff, Paris, 1917.

Página anterior: Diego Rivera, Paris, 1919.

Lupe Marín com sua filha Guadalupe Rivera na casa de Mixcalco. Cidade do México, 1924.

Da esquerda para a direita: León Caillou, Diego Rivera, David Alfaro Siqueiros, Graciela Amador, Angelina Beloff e Magda Caillou. Paris, 1920.

A colecionadora de arte Galka Scheyer.

Ione Robinson. No verso: "Para meu Diego com todo meu amor". França, 1927.

Because of you
the sky is blue
Beloved —

Because you smile
is all worthwhile
Beloved

Because we say
this good by doesn't not
mean love will die.

Where e'er, I go,
I'll dream of my
Beloved —

No verso: "Because of you the sky is blue beloved. Because you smile is all worthwhile beloved. Because we say this good bye doesn't mean love will die. Where e'er I go, I'll dream of my beloved", versos da canção "Beloved", de Ruth Etting. Michigan, c. 1933.

Isolda Pinedo Kahlo com uma amiga, c. 1946.

Ella Goldberg Wolfe. "A Frida com todo o meu carinho, Ella". Nova York, 24 de junho de 1933.

A Freda
con todo mi cariño
Ella
June 24, 1933 - N.Y.C.

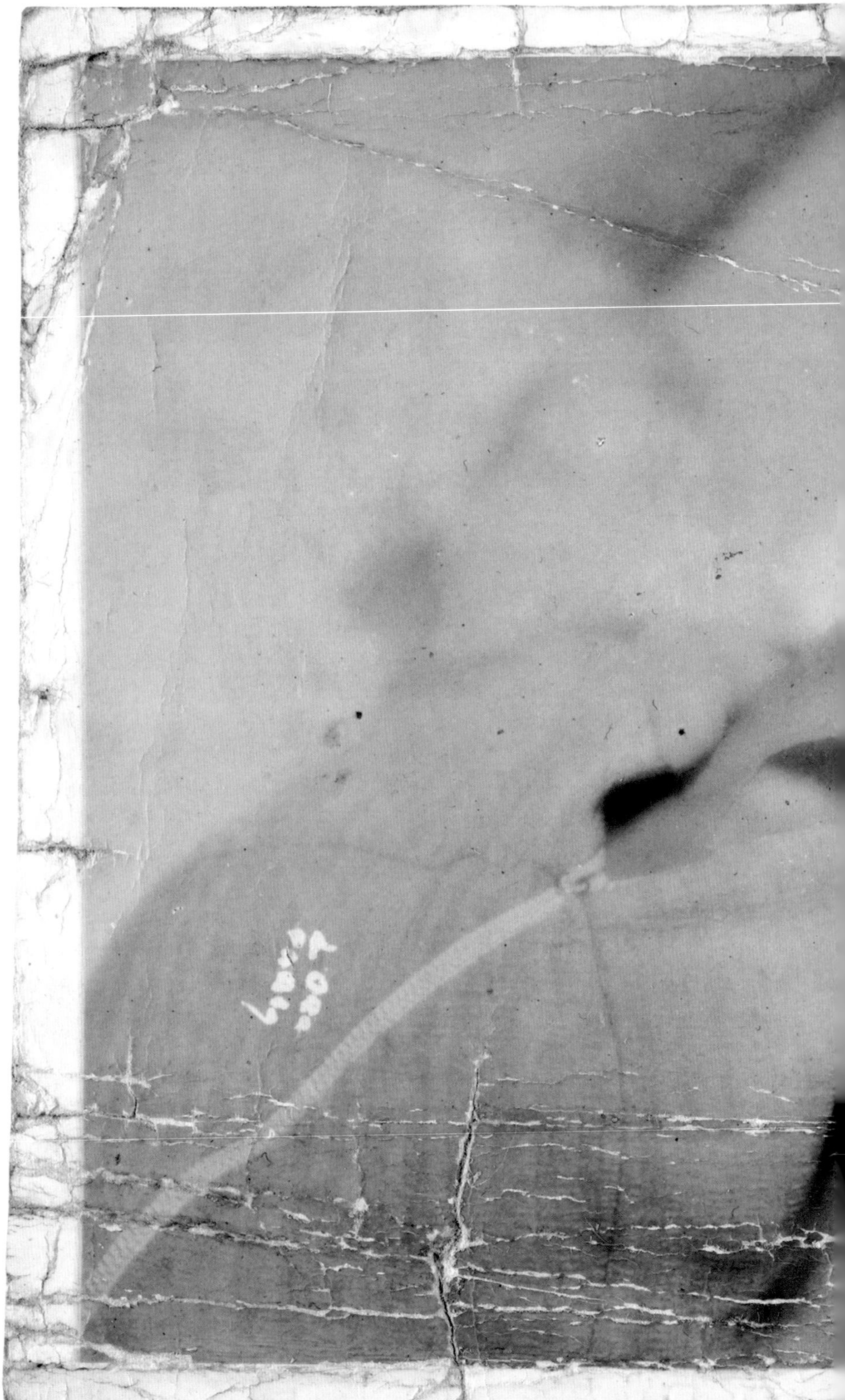

 Página anterior: Ione Robinson(?).

Frida Kahlo beijando pessoa não identificada.

Alfonso Rouaix.

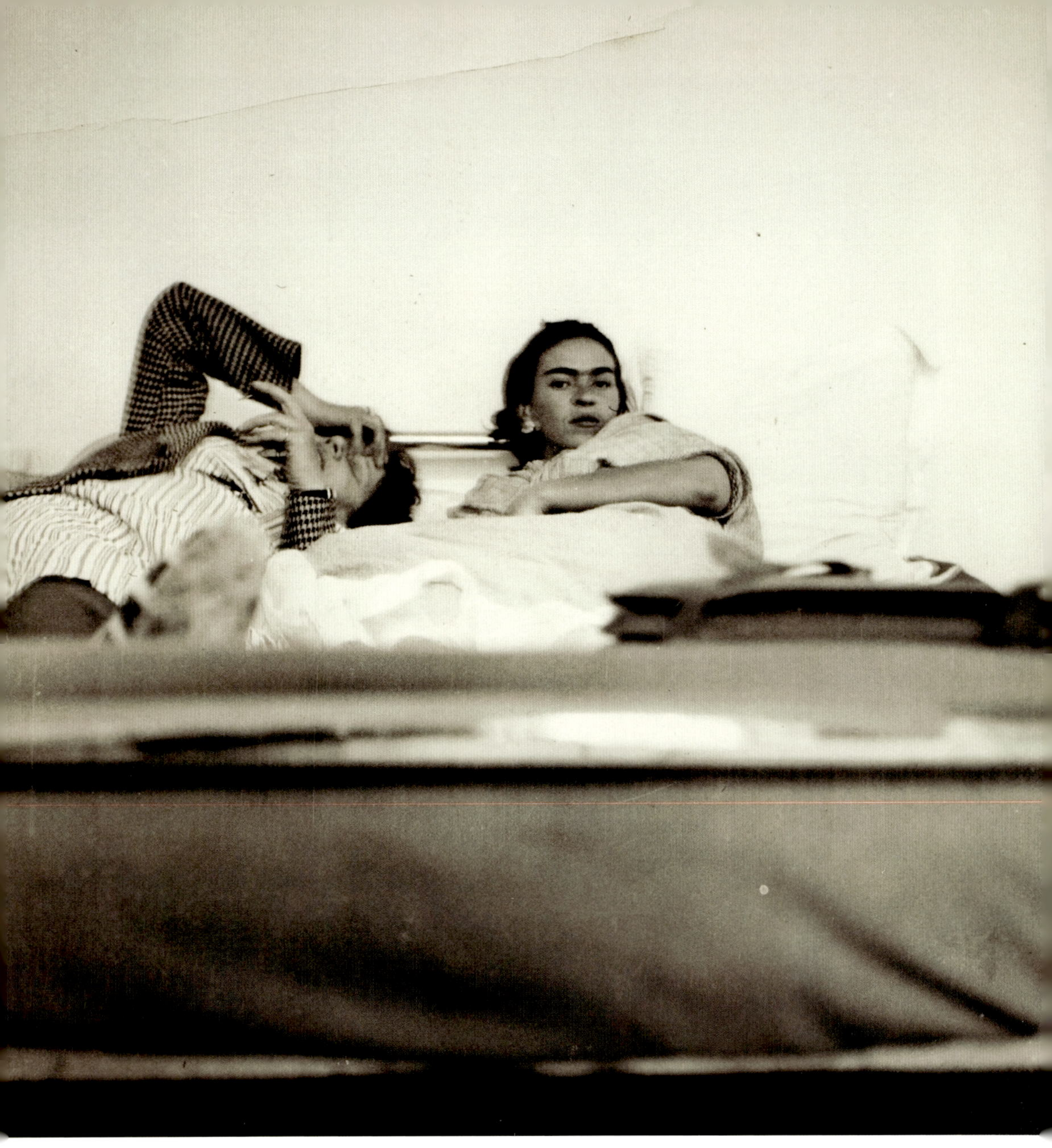

 Frida Kahlo com pessoa não identificada, c. 1930.

A pintora Georgia O'Keeffe e o fotógrafo Alfred Stieglitz, na Galeria Julien Levy. Nova York, novembro de 1938.

 Tina Modotti e Frida Kahlo, c. 1928.

Pirata não identificado.

A pintora e designer de joias Annette Nancarrow.

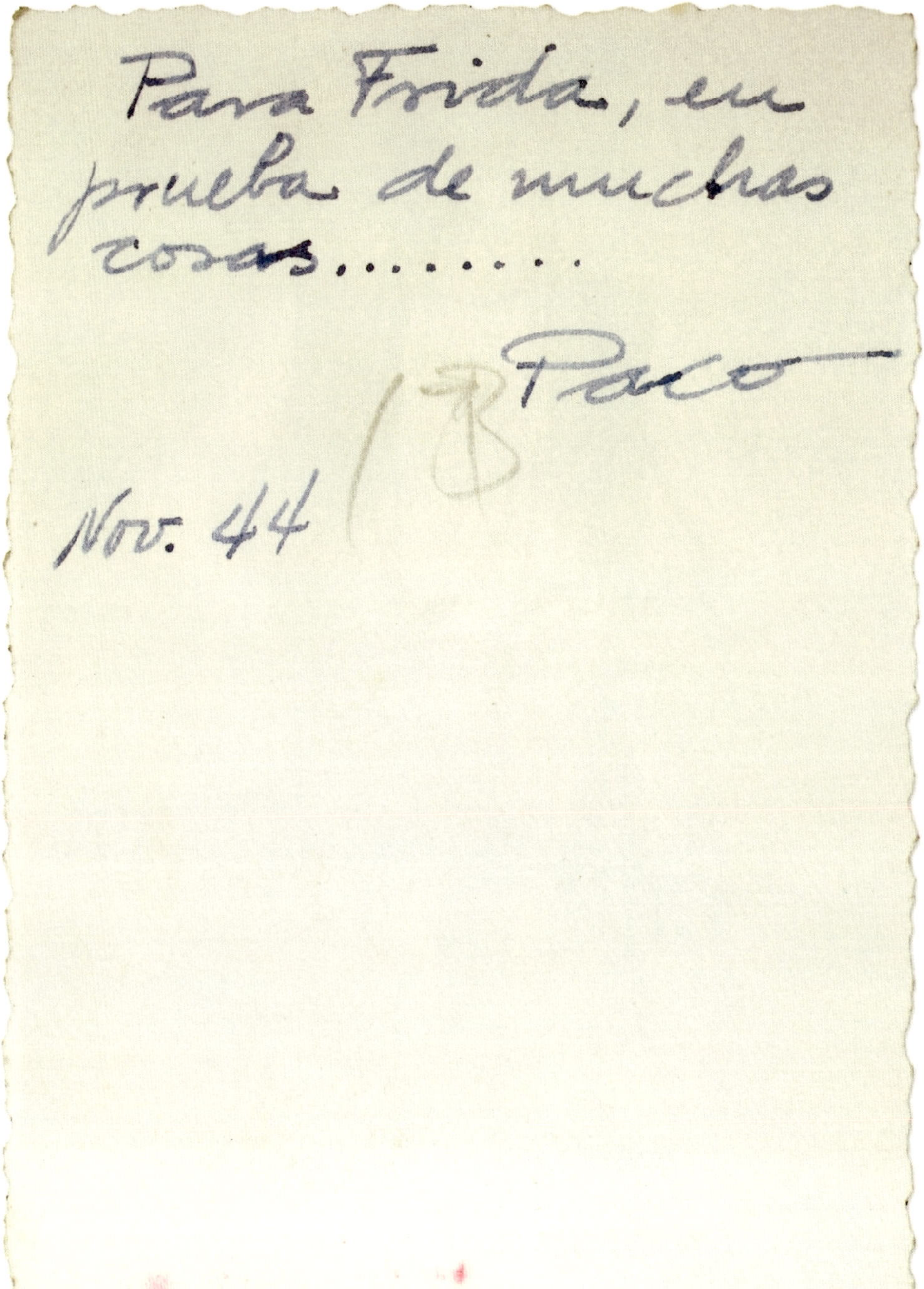
Para Frida, en
prueba de muchas
cosas........
Paco
Nov. 44

No verso: “Para Frida, como prova de muitas coisas……… Paco. Novembro de 1944”.

Pessoa não identificada. “Minha posição normal na vida”.

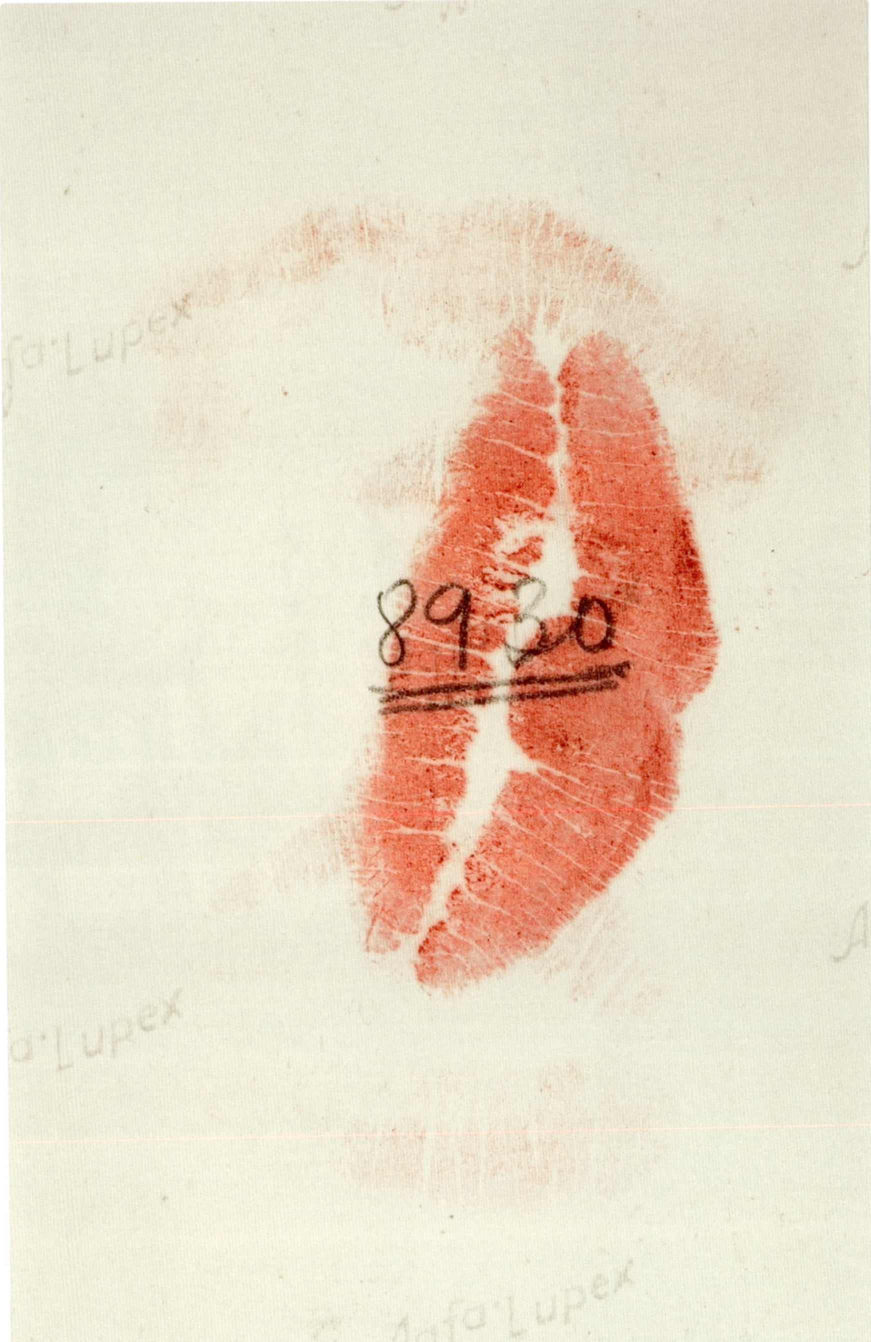
8930

Pessoas não identificadas. No verso: lábios de
Frida Kahlo estampados.

Edward Weston
1935

For my darling
my love a

Página anterior: O escultor Isamu Noguchi. "Para minha querida, meu amor". Foto: Edward Weston, 1935.

A atriz Dolores del Río. Foto: George Hurrell.

Frida Kahlo, 16 de outubro de 1932. Foto: Guillermo Kahlo.

Diego Rivera, 1933. Foto: Esther Born.

Nieves Orozco, modelo de Diego Rivera, no ateliê de San Ángel. Cidade do México.

Mulher diante de um fragmento do mural *Sonho de uma tarde dominical na Alameda Central*. Hotel del Prado, Cidade do México, 1948. Foto: Del Moral, repórter fotográfico.

Fragmento do mural *Sonho de uma tarde dominical na Alameda Central*. Hotel del Prado, Cidade do México. "Para a maravilhosa menina Fisita de seu saporã Diego a 11 de novembro de 1947". Foto: Guillermo Zamora.

A atriz norte-americana Paulette Goddard no ateliê de Diego Rivera. San Ángel, Cidade do México, maio de 1940.

Jean Abbott Wright e Diego Rivera em Detroit,
Michigan, 1932.

André Breton. "A meus maravilhosos amigos Frida e Diego a quem sempre terei em meus pensamentos e meu coração". André Breton. México. Le 29 juillet 1938. Foto: Man Ray.

Lupe Marín e Frida Kahlo.

Marcel Duchamp, 17 de novembro de 1933.
Foto: Carl Van Vechten.

A atriz Linda Christian e Roberto de la Serna(?) no restaurante Ciro's. México, 7 de fevereiro de 1947.

Ching Tsai Loo: "Com alegres lembranças, à minha mais verdadeira e sincera amiga Frida, de Chingtsai". Nova York, agosto de 1941.

Adalgisa Nery, "Para Frida querida com todo o carinho de Adalgisa. México, 1945".

Da esquerda para a direita: Frida Kahlo, José Clemente Orozco, Manuel Sandoval Vallarta, Enrique de la Mora e pessoas não identificadas, na entrega do Prêmio Nacional de Artes e Ciências, no Palácio Nacional. Frida recebeu o prêmio da Secretaria de Educação Pública na categoria de pintura, e José Clemente Orozco obteve o Prêmio Nacional de Artes. Cidade do México, 11 de setembro de 1946.

Rufino Tamayo, Adalgisa Nery, Frida Kahlo, Lourival Fontes e Olga Tamayo, c. 1945.

Rita Pandit, Frida Kahlo e Tara Pandit.

Tara Pandit, "Frida, querida, espero que você sinta minha falta tanto quanto eu sentirei de ti. Muito amor, Tara". Set. 1947. Foto: Bradford Bachrack.

Frida darling – I hope you miss me as much
as I miss you.
Very much love,
Tara. – Sept. 1947.

Diego Rivera.

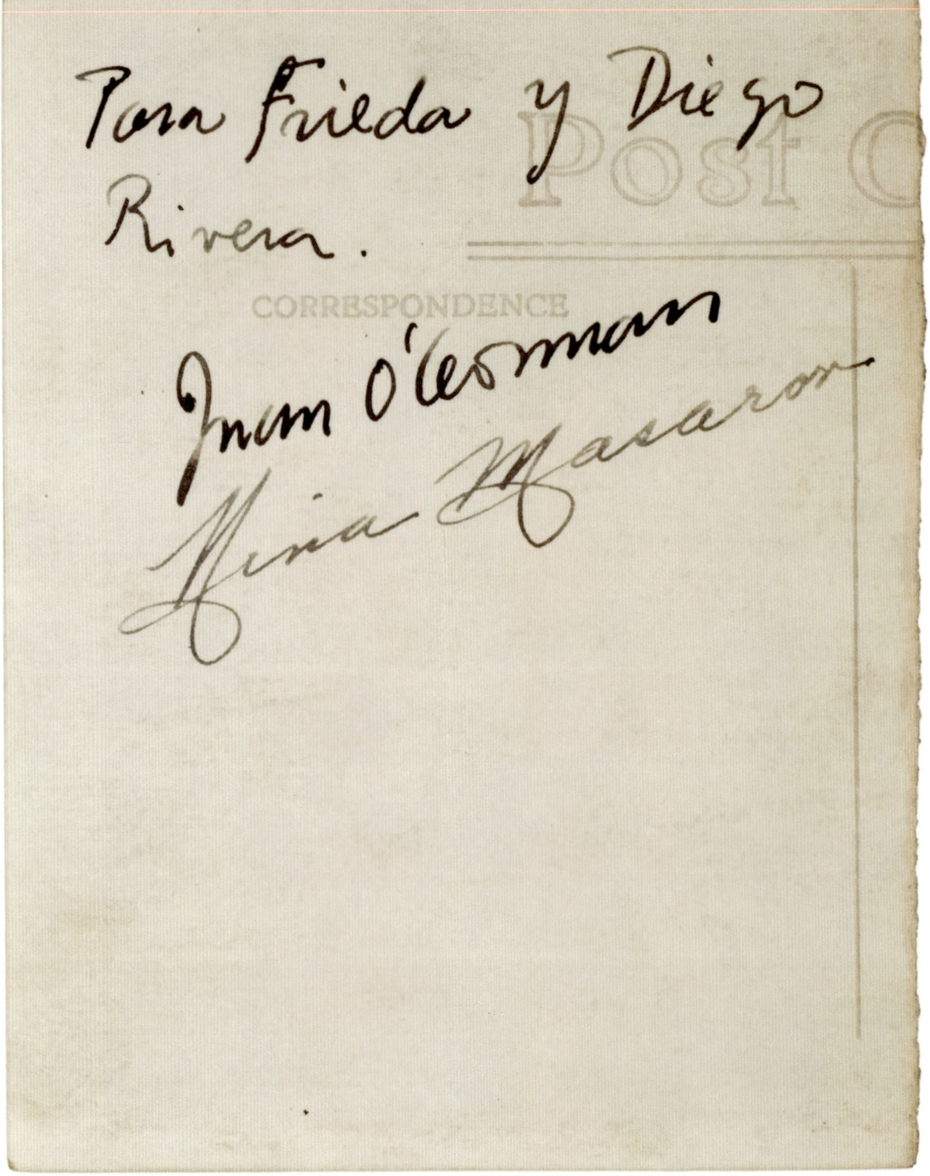

Para Frieda y Diego Rivera.

Post C

CORRESPONDENCE

Juan O'Gorman

Maria Masarova

Nina Masarov e Juan O'Gorman. No verso: "Para Frieda e Diego Rivera", c. 1933.

 Diego Rivera e sua filha Guadalupe Rivera, c. 1927.

Leon Trótski, Cidade do México, c. 1938.

Foto em preto e branco de um desenho
de Miguel Covarrubias.

Miguel Covarrubias e Frida Kahlo em San Ángel.
Cidade do México, 1938. Foto: Nickolas Muray.

O escritor Jorge Cuesta.

O galerista Alberto Misrachi. Esta fotografia serviu de modelo a Frida Kahlo para o retrato que fez dele em 1937.

O pintor Gerardo Murillo, "dr. Atl", e o diretor e produtor de cinema Arcady Boytler.

Frida Kahlo.

Leon Trótski e sua esposa Natalia Sedova,
na Casa Azul. Coyoacán, c. 1938.

Henry Ford. "Para Frida Kahlo com admiração", c. 1932.

Doutor Philip D. Wilson. "Para Frida com apreço por sua cooperação enquanto esteve aos meus cuidados, saudações afetivas. 26 Jul. 1946. Philip D. Wilson."

To Frieda
With appreciation of her
cooperation while under my
care & affectionate good wishes
July 26, 1946 Philip D. Wilson

FELIZ AÑO NUEVO 1945

Página 330: Pedro Alvarado.

Página 331: Isabel Villaseñor com sua filha Olinca Fernández Ledesma. No verso: "Para Frida Kahlo, com uma carinhosa saudação e um forte abraço das duas Chabelas. Da Villa, 31 de dezembro de 1944".

O Iztaccíhuatl, "Mulher dormindo".

"Diego e Frida eram algo assim na paisagem espiritual do México, como o Popocatépetl e o Iztaccíhuatl no Vale do Anáhuac". Luis Cardoza y Aragón, "México en la Cultura", suplemento de *Novedades*, 23 jan. 1955, p. 3.

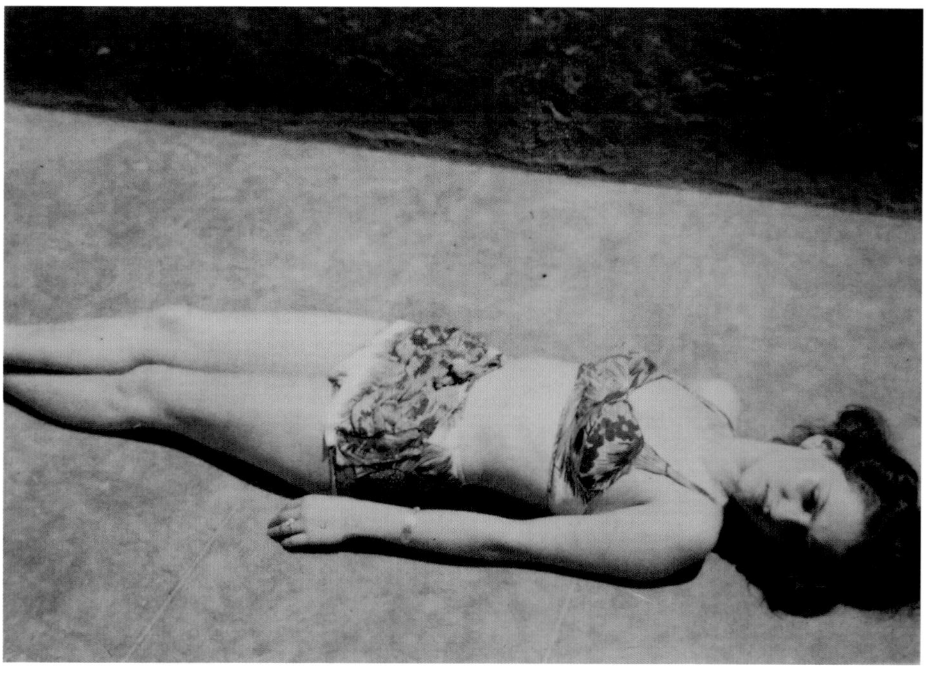

No alto: A colecionadora de arte Galka Scheyer, c. 1931. Embaixo: Isolda Pinedo Kahlo, c. 1946.

No verso: "Gonzalo Viul......".

O Popocatépetl, “Morro que fumega”.

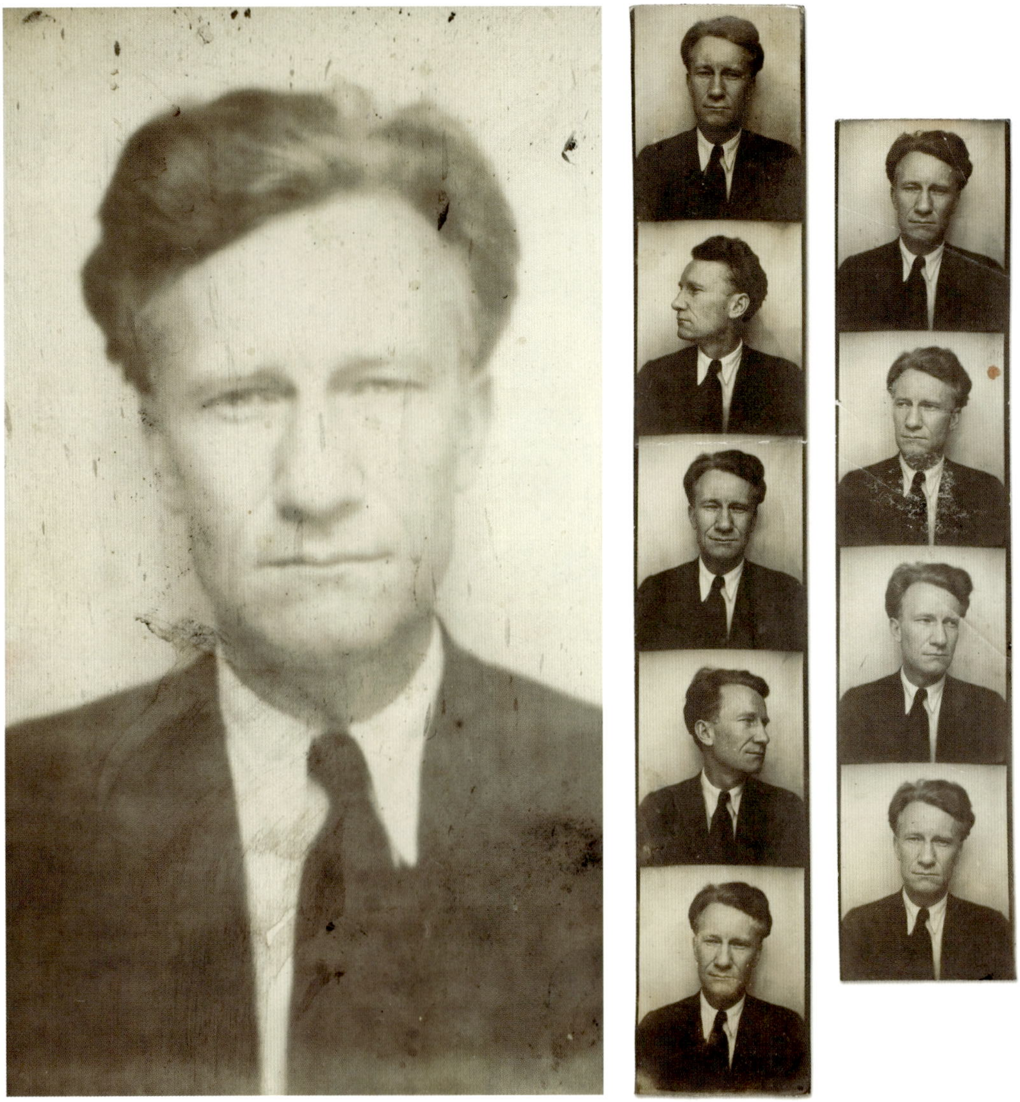

 Pessoa não identificada.

Pessoas não identificadas.

338 Pessoa não identificada.

A pintora francesa Alice Rahon em Acapulco, México.

 Pessoa não identificada.

Pierre Combret de Lanux.

Pierre Combret de Lanux e sua filha, Bikou.
Cannes, França, 1933.

Pierre Combret de Lanux.

 Acapulco, México.

Alice Rahon em Acapulco.

Pessoa não identificada.

 Nickolas Muray.

Miguel Covarrubias.

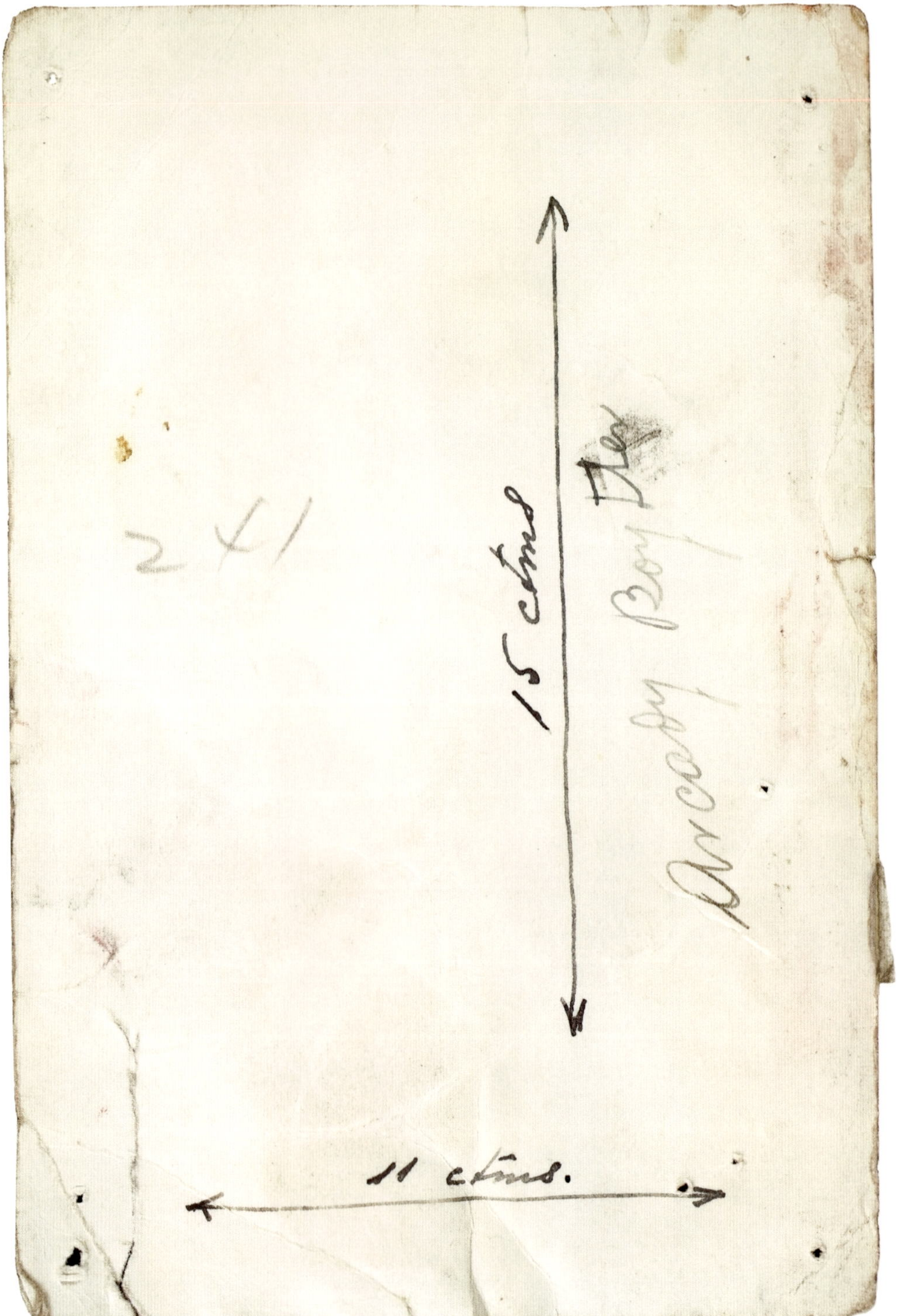
15 ctms
11 ctms.

O produtor e diretor de cinema Arcady Boytler.

Arcady Boytler, Sergei Eisenstein, pessoa
não identificada e Grigory Alexandrov.

Arcady Boytler.

Nickolas Muray e Frida Kahlo, na Casa Azul, 1939.
Foto: Nickolas Muray.

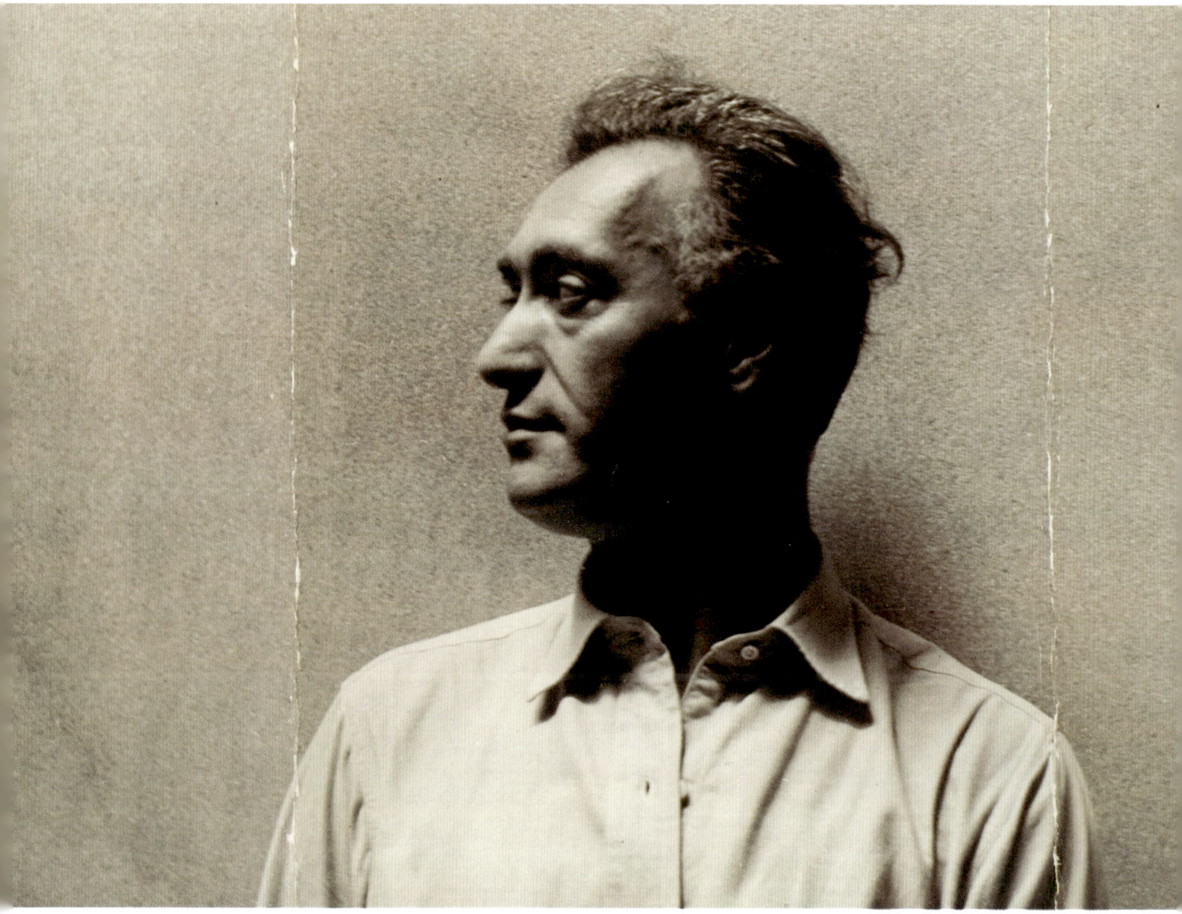

Nickolas Muray, autorretrato.

Nickolas Muray em seu estúdio; ao fundo, dois quadros de Frida Kahlo. Nova York.

The Garden of Allah
Sunset Boulevard
Hollywood. Cal.
Nick. Murray

A very Degas Xmas
Nick and Rozzie

We wish You a Merry Christmas

and

A Happy New Year
Nick and Rizzie

Páginas 358-59: Cartão de Natal de Nickolas Muray e Ruzzie. "Desejo-lhes um Natal à la Degas, Nick e Ruzzie." "O jardim de Allah Sunset Boulevard. Hollywood, California. Nick Muray."

Páginas 360-61: Cartão de Natal de Nickolas Muray e Ruzzie. "Desejamos um bom Natal e feliz ano novo. Nick and Ruzzie."

Cartão de Natal de Weege. Fotos: Arthur Felling, Weege.

Blessings and Love
from
The High Priestesses
of
The Most High
and from
The Old M. H. Himself

East 96th Street
New York
Christmas 1947

Lucienne Bloch em Nova York.

Stephen Dimitroff, marido de Lucienne Bloch, com seus filhos George, Pancho e Sita. No verso: "Steve e nossos filhos, 48".

VI

A FOTOGRAFIA

PASSARAM-SE OS ANOS

Horacio Fernández

Há muito tempo, alguém acreditou que algumas imagens deveriam ser escondidas em um armário, bem guardadas e melhor resguardadas. Passaram-se os anos e aquela decisão caducou ou foi esquecida. Romperam-se os lacres e o segredo foi revelado. Mas não totalmente, apenas em parte. Infelizmente, as pessoas que podiam decifrá-lo já não estão disponíveis, e nunca mais estarão. Temos que recorrer aos intérpretes e confiar neles com a mesma fé que se concede aos adivinhos ou aos magos. Ou seja, muita.

Naquele armário, havia centenas de imagens, quase todas fotográficas. As fotos coladas em álbuns, guardadas em envelopes ou amontoadas em caixas de papelão que sempre aparecem quando se esvazia uma casa. As mesmas que quase sempre acabam liquidadas nos corredores das feiras.

As fotos transformam-se em material descartável quando as imagens que conservam não interessam a ninguém. Morrem por falta de atenção, por falta de uso. São mais frágeis do que parecem. Apollinaire já ressaltou sua "eternidade vulnerável". Para que perdurem, para mantê-las vivas, é preciso encontrar novos proprietários que as adotem.

Durante muito tempo, as fotografias não foram conservadas por gosto – somente por gosto. Em compensação, desde o princípio houve aficionados capazes de deixar a salvo fotografias por seu conteúdo, pelas situações e instantes que mostravam. Retratos de pessoas importantes ou curiosas, de familiares, amigos ou de si mesmos. Vistas de lugares significativos ou pitorescos. *Souvenirs* de todo tipo. Informação que pode ser classificada.

Os colecionadores de fotos apreciavam o valor documental de seus tesouros. Nada mais. Uma situação que tinha certa lógica. O que se mantém em uma foto se sua referência desaparece? A resposta é definitiva: nada. Uma fotografia é um signo semelhante a uma imagem em um espelho, o efeito mecânico de uma causa. As palavras são diferentes, não possuem relações necessárias com seus significados. Para apreciar uma obra de arte, também não é obrigatório que se pareça com o que representa, se é que representa algo.

Não é tão simples valorizar uma fotografia sem considerar sua referência, seu significado primeiro. A explicação para que se conserve e valorize uma fotografia deve ser buscada nas experiências sensitivas, emocionais e racionais que ela causa. Para apreciar a forma, é necessário desprezar o conteúdo? Desinteressar-se pela referência? Esquecê-la?

Quando a informação que constitui o conteúdo de uma foto é desconhecida, é um bom momento para dar asas à imaginação. É também uma oportunidade para julgá-la somente como imagem. Mas há fotografias que não permitem o distanciamento metódico. Por exemplo, as que provêm do armário mencionado, propriedade de Frida Kahlo. Uma boa parte são retratos dela e é ela o que importa. Ou seja, o conteúdo, a referência. Quanto à forma, é um assunto secundário. As fotos são de Frida Kahlo, mais que de Lola Álvarez Bravo ou Esther Born, Gisèle Freund ou Juan Guzmán, Nickolas Muray ou Guillermo Kahlo.

Frida Kahlo foi o que agora se denomina uma celebridade e continua sendo, ainda mais do que antes. Conheceu a fama em vida e procurou controlar sua imagem. O fechamento do armário é um sinal da transcendência que conferia às suas próprias imagens. Sua celebridade gerou um grande número de relatos biográficos, que todo mundo conhece. O romance água com açúcar e agridoce de seus namoricos, a Casa Azul do circuito turístico, o infeliz acidente de bonde, o martírio posterior em versão dupla, experimentado e pintado, a militância revolucionária rodeada de criadas devotas, a lenda alcoólica e muitas outras histórias. As biografias costumam ser repertórios de histórias e as histórias gostam de fotografias, um de seus alimentos preferidos.

A dieta das metáforas é mais estrita. Por exemplo, André Breton retratou a senhora Kahlo como uma bomba rodeada por uma fita. Ao olhar seus retratos fotográficos, encontramos a fita e até o lacinho correspondente sem fazer nenhum esforço, várias vezes. Mas não há como deparar-se com a bomba.

As metáforas ficam bem nas fotos. Em compensação, a celebridade se dá mal com elas. O mesmo ocorre com a moda, que se conserva perfeitamente em imagem. As fotos retêm a moda e deixam de fora o restante. Substituem as pessoas por sua aparência.

Nenhum problema, muito pelo contrário, para alguém que tinha as roupas folclóricas como marca registrada, sobretudo para a exportação. Salvador Novo anotou com antecipação: "a veste da tehuana posta para secar mijou todo o Hudson". A veste não é um acaso, e sim uma aparência escolhida. Para o pintor Diego Rivera, o exibicionismo de sua mulher era o resultado de uma aliança entre os genes alemães de seu pai, o fotógrafo dom Guillermo Kahlo, e os índios da mãe, dona Matilde Calderón. Uns genes com cédula de identidade que "limparam" outros genes com passaporte espanhol, dos quais não restou nada. Grande eficácia. Nem nos anúncios.

A curiosa versão nacionalista da genética segundo Rivera fundamenta duas Fridas diferentes. De fato, há um quadro com esse título, no qual efetivamente aparecem duas gêmeas sentadas em um banco e que, como é lógico, quase não se diferenciam, a não ser por algum detalhe da roupa ou depilação. Além disso, há muito sangue, que uma perde e a outra transfere para um retratinho. Uma é alemã e a outra indígena? Ninguém sabe.

Nas fotos, se é que confiamos nelas, também há várias Frida Kahlo. Algumas vezes ela usa calças. Outras, a maioria, veste roupas escolhidas com denominação de origem. E ainda há algumas ocasiões nas quais aparece coberta por velhos trajes, semelhantes aos que sua mãe usa em suas fotos, blusas bordadas tão fora de moda como a época em que eram usadas. Mas na verdade dá no mesmo se há uma, duas, três ou mais Frida Kahlo nas fotos que agora são publicadas. O número não impede que ela troque as calças pelas saias rodadas. Se sentia mais confortável.

O problema não é quem ou quantas foi Frida Kahlo, cuja obra pintada é um contínuo autorretrato que segue com os segredos agora revelados. Na realidade, não há um problema e sim vários: quem quis ser, quem aparentou ser, com que desejou se parecer, como quis ser conhecida ou reconhecida...

Ocorre com todos os retratos. Sua regra é a multiplicação. Certamente Frida Kahlo gostava de, nos retratos, se parecer com a ideia que tinha de si mesma, com a pessoa que acreditava ser. Não é fácil saber se essa imagem coincidia com a que queria que os outros tivessem dela. Nos quadros que pintou deve haver alguma pista. O fato de haver tantas fotografias suas escondidas deve ser significativo.

Por outro lado, o autor de um retrato tenta dar sua própria versão, apresentar o modelo como acredita que ele seja. E em algumas ocasiões, decerto em muitas, o retratado não é mais do que uma oportunidade para a expressão – ou o que quer que seja – do talento do retratista de plantão. É bastante provável que Frida Kahlo não fosse muito flexível com as interpretações alheias.

Dá o que pensar a ausência de retratos seus de Edward Weston ou Tina Modotti, junto a quem aparece – sem fantasias – em uma das fotos mais simpáticas deste livro. Weston acreditava no retrato, mas não nos instantâneos. Dizia que nos bons retratos é necessária a coincidência da observação do fotógrafo, a revelação do retratado e a eficácia técnica. Uma "união espontânea" infrequente, que quando ocorre é superior a qualquer retrato pintado. Para Weston, a fotografia é revelação, não interpretação. É preciso reconhecer que Kahlo era boa para o teatro, mas custa um pouco imaginá-la em plena revelação. Espontânea, além disso.

Restam os espectadores, que no final são os verdadeiros donos dos retratos. O público é muito livre para pensar o que bem quiser sobre Frida Kahlo, se foi ou deixou de ser a bomba, com ou sem lacinho, digam o que disserem os intérpretes e testamenteiros de sua celebridade.

★

Ambrótipo (frente e verso), c. 1857.

Carte de visite do estúdio de Carlos García Veraza. Oaxaca, México, c. 1870.

Carte de visite do estúdio Veraza. México, c. 1870.

Catedral Metropolitana, Cidade do México, 1922. Foto: Guillermo Kahlo.

Catedral & Sagrario de México, 1922.

2º. Abril 1929.
Foto. Friedr. Kahlo.

Instrumentos de carpintaria. No verso: "2º abril 1929. Foto: Frieda Kahlo".

1º abril 1929.
Foto. Fried. Kahlo.

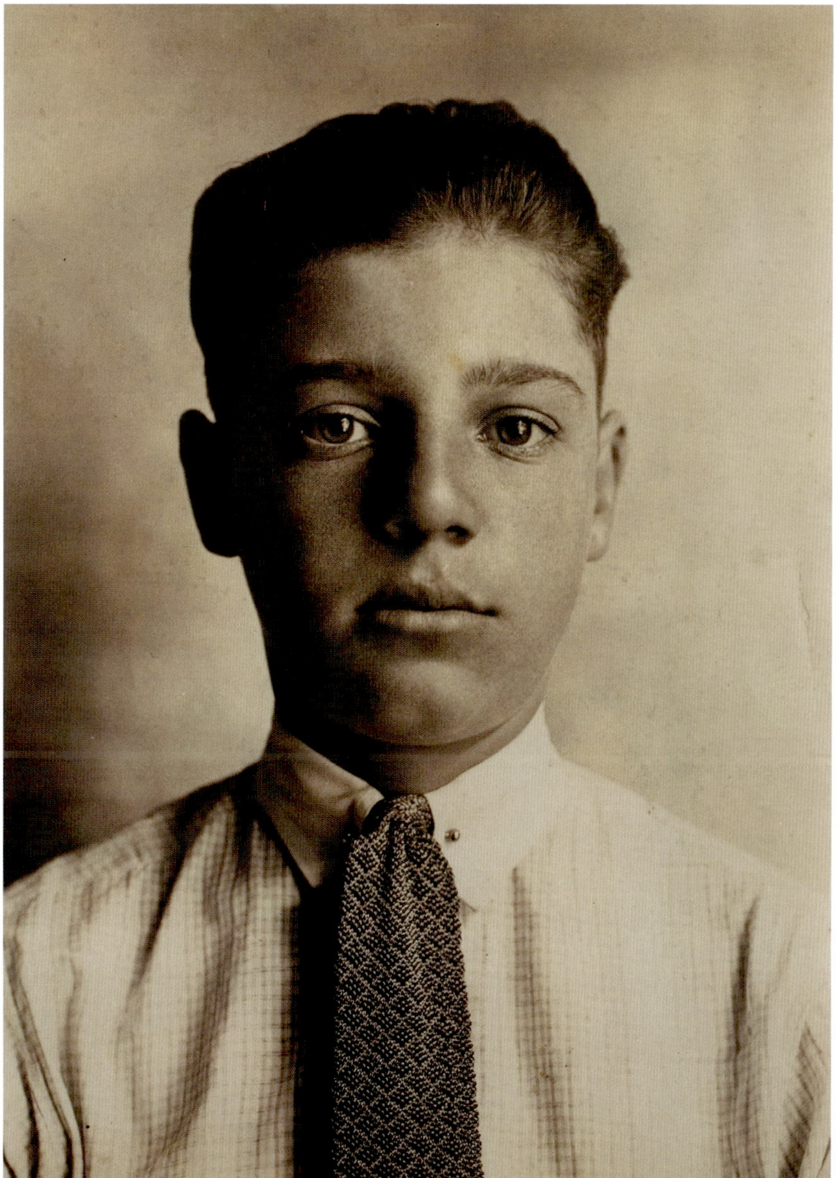

Carlos Veraza, sobrinho de Frida Kahlo. No verso:
"1º abril 1929. Foto: Frieda Kahlo".

5º Abril 1929.
Foto. Frida Kahlo.

Brinquedos populares. No verso: "5º abril 1929.
Foto: Frieda Kahlo".

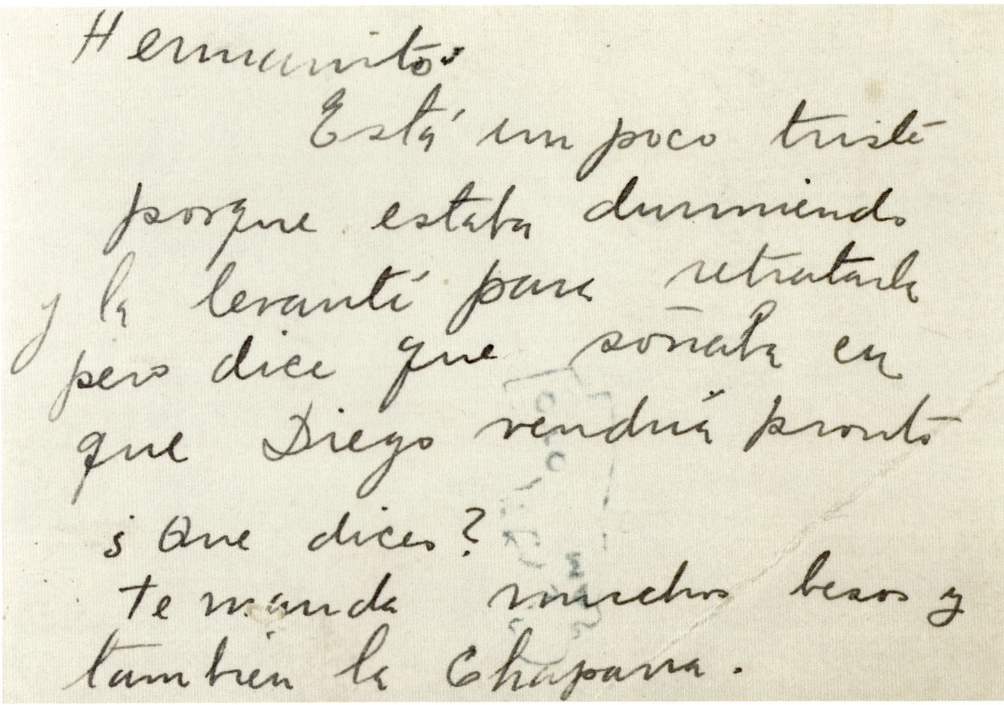

Hermanito:
Está un poco triste
porque estaba durmiendo
y la levanté para retratarla
pero dice que soñaba en
que Diego vendría pronto
¿Que dices?
te manda muchos besos y
también la Chaparra.

Retrato de La Chaparra. No verso: "Irmãozinho: Está um pouco triste porque estava dormindo e a levantei para retratá-la mas diz que sonhava que Diego viria logo. O que você acha? Manda-lhe muitos beijos e a Chaparra também", agosto de 1930. Foto: Frida Kahlo.

 A artista plástica Mary Reynolds, 1930. Foto: Man Ray.

Empire State, Nova York. Foto: atribuída a Frida Kahlo.

Pirâmide de Tenayuca, Estado do México.
Foto: atribuída a Frida Kahlo.

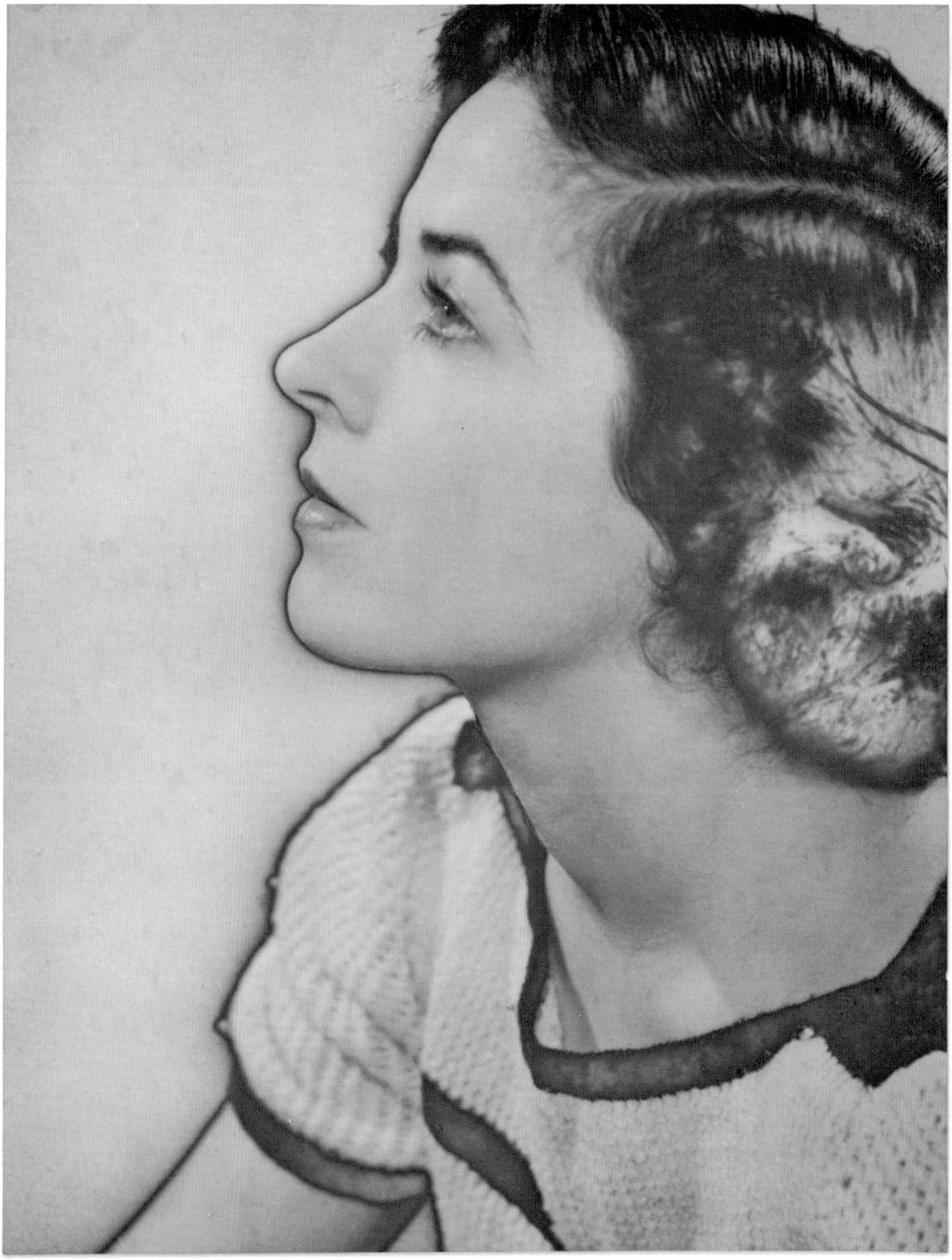

Foto: Man Ray.

 Diego Rivera.

Sra. Jean Proal, 1925. Foto: Tina Modotti.

Getting into the Spring. No verso: carimbo "Berlin, Germany".
Foto: Martin Munkácsi, c. 1929.

Tomic Energy. Foto: Martin Munkácsi.

O pintor José Clemente Orozco. Foto: Eliot Elisofon.

Templo dos Jaguares, serpente de cascavel.
Chichén Itzá, Yucatán.

 Diego Rivera com gato. Foto: Tina Modotti.

Bettina. Foto: Edward Weston, 1940.

Edward Weston
1940

a Diego
da
Bettina

No verso: “Donald com a roupa que você deu a ele – aniversário dele – 7 anos de idade”.

A pintora Alice Rahon. Foto: Brassaï.

A fotógrafa Tina Modotti, 1924.
Foto: Edward Weston.

Os fotógrafos Tina Modotti e Edward Weston, fotografia de seu "aniversário de casamento", 1924.

No verso: "Tenayuca Pyramid, os dois rapazes
são meus filhos".

Lupe Marín, 1924. Foto: Edward Weston.

 Tina Modotti, 1925. Foto: Edward Weston.

A canção revolucionária mexicana, 1928. Foto: Tina Modotti.

Página seguinte: Corredor da Secretaria de Educação Pública; ao fundo, o mural de Diego Rivera. Cidade do México. Foto: Tina Modotti.

ALMACE
REPARACIÓN DE ED
ALTO

Página anterior: Judas de cartão.
Foto: atribuída a Frida Kahlo.

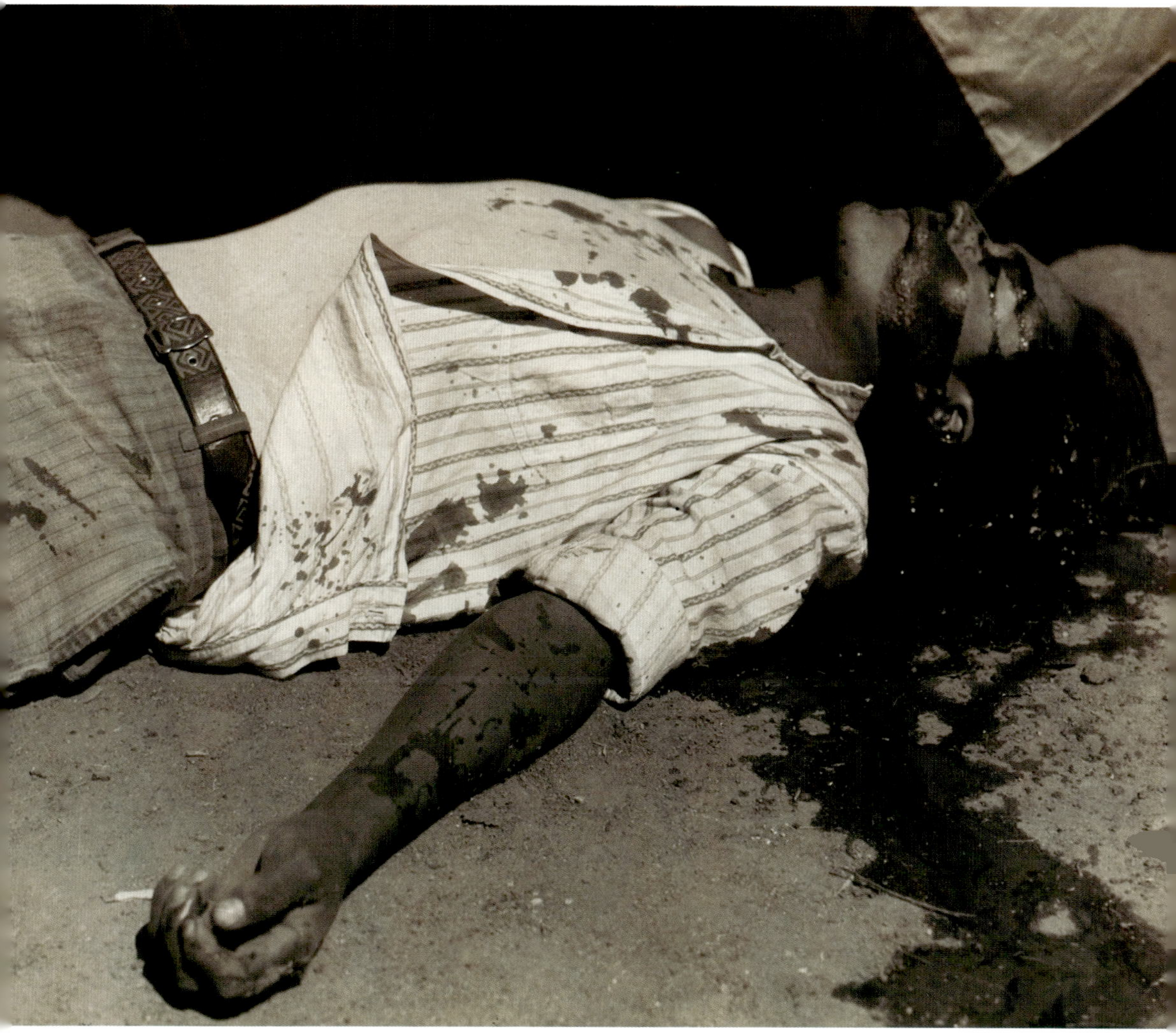

Operário em greve assassinado, 1934.
Foto: Manuel Álvarez Bravo.

Rocha coberta de líquen, 1927.
Foto: Manuel Álvarez Bravo.

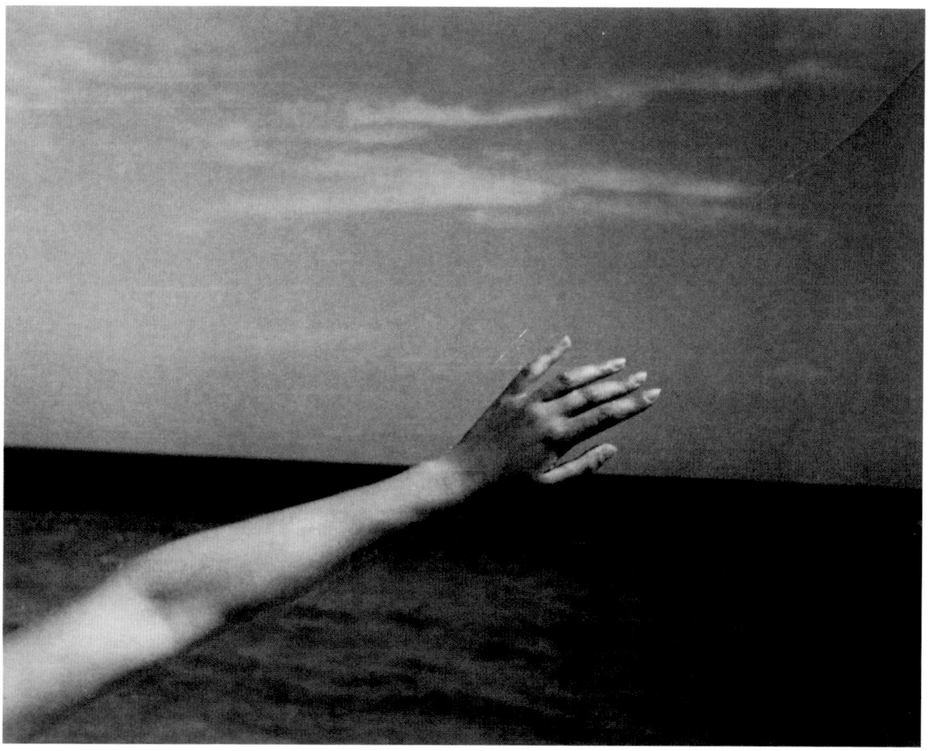

Paisagem com braço.

Página seguinte: "O povo e o governo". No verso: "Meu caro sr. Rivera: a sra. Winterbotham e eu tiramos esta foto a caminho de Cuernavaca. Um soldado representa o povo e o outro, o governo. Eu não sei qual é qual. Você sabe? Meus gentis cumprimentos. Joseph Winterbotham. 11 Burlington Chicago III. USA".

My Dear Mr Rivera

Mrs Winterbotham and I on the way to Cuernavaca took this picture.

One Soldier represents the people, and the other the government I do not know which is which! Do you?

Kindest regards
Joseph Winterbotham
11 Burlington St. E.
Chicago Ill.
U. S. A

40 Calle de
eona Vicario
Callejón de

Cena da vida cotidiana.

Página anterior: Judas antes de ser queimado. Sábado de Aleluia. Cidade do México.

Queimando os Judas. No verso: "Judas brûle, Samedi-Saint, México", c. 1937. Foto: Pierre Verger.

BARATO

Jovem indígena. Oaxaca, México, c. 1937.
Foto: Pierre Verger.

 Página anterior: Chapala. Foto: Hugo Brehme.

Interior de igreja, c. 1943. Foto: Fritz Henle.

No alto: Enterro. Foto: Juan Cachú.
Centro: Retrato de grupo. Foto: Juan Cachú.
Embaixo: Luto. Foto: Juan Cachú.

Imagem que serviu de modelo a Frida Kahlo para
o quadro *O defuntinho Dimas Rosas*, 1937.

 Preso nu. Fotografia signalética.

Preso "99". Fotografia signalética.

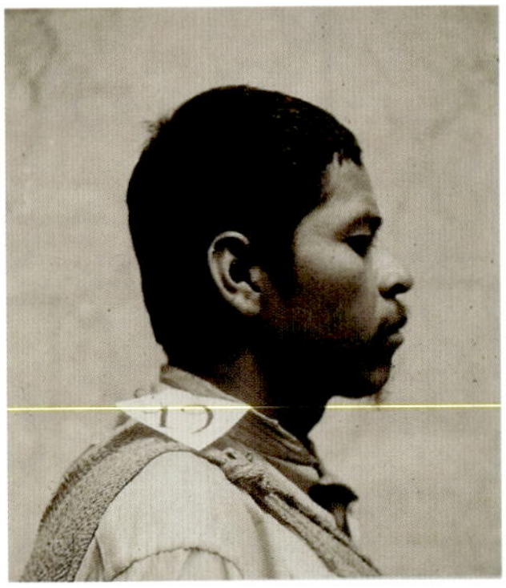

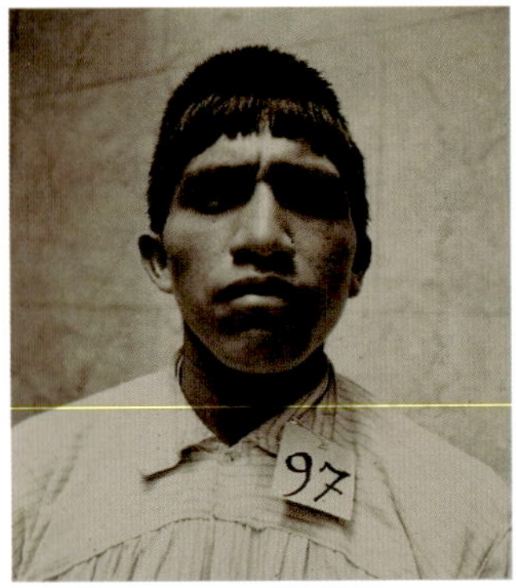
97

29

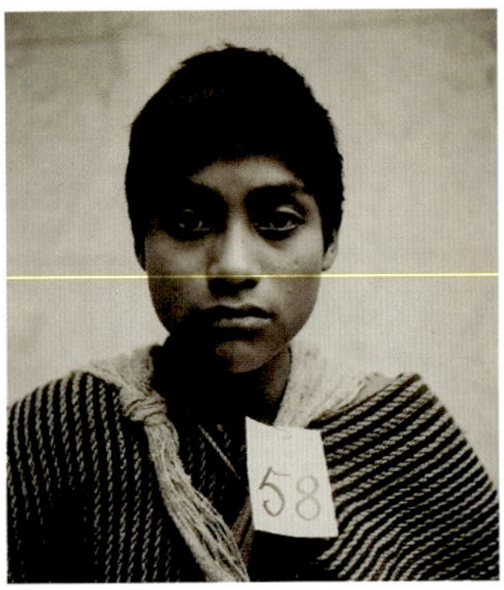
58

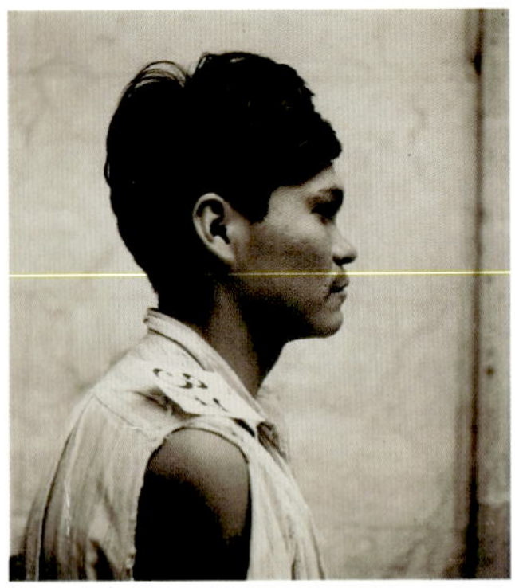

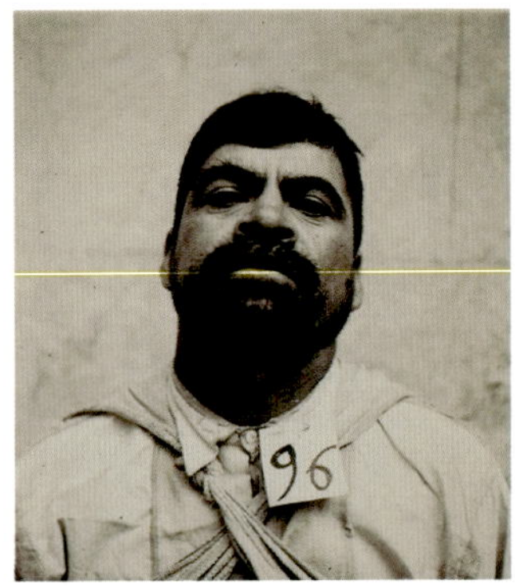
96

112

85

92

68

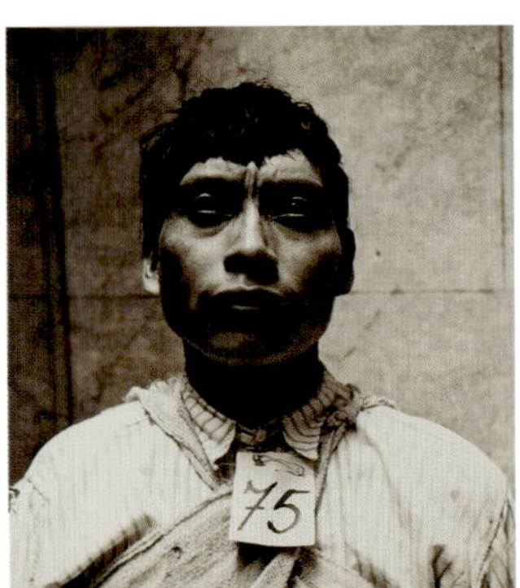
75

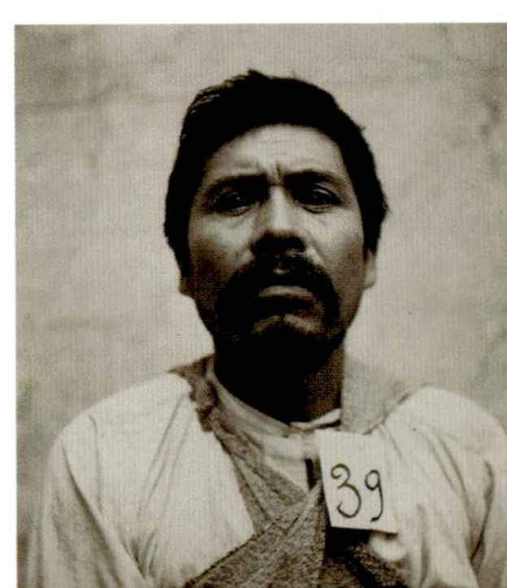
39

Mão "75". Fotografia signalética.

Páginas 434-435:
Meninas indígenas.

Páginas 436-437:
No verso: "Atitlán".

Meninos e homens presos. Fotografias signaléticas.

 Jovens indígenas.

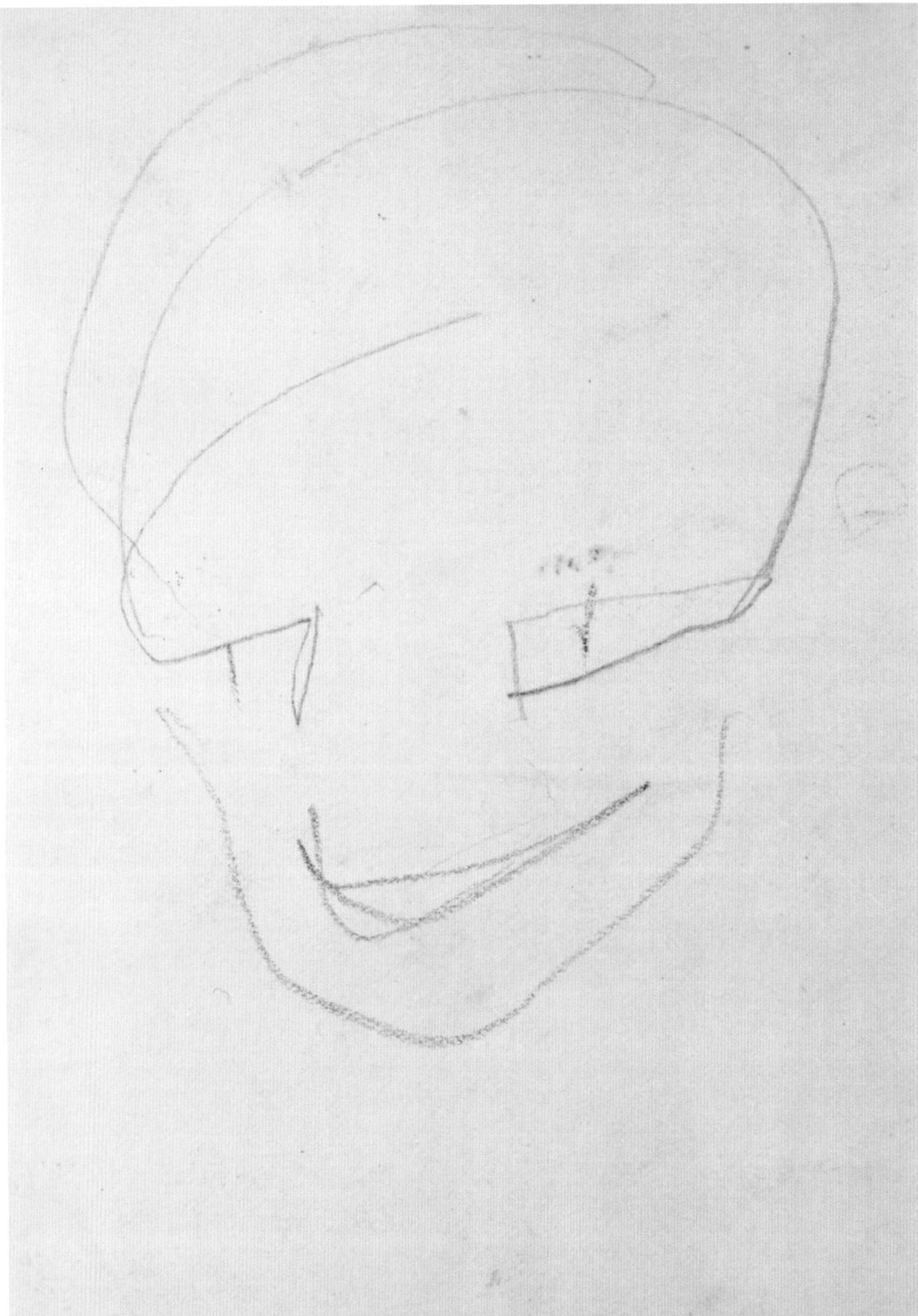

Representação de guerreiro pré-hispânico
com cocar, escudo e lança.

Como un humilde homenaje
al Grant Artista Sr.
Diego Rivera.

Detroit, marzo 9 de 1933.

Luis G. Gutiérrez.

Página 442: Carro alegórico, 1522-1932. No verso: "Como uma humilde homenagem ao Grant [*sic*] Artista sr. Diego Rivera. Detroit, março 9 de 1933. Luis G. Gutiérrez".

Página 443: Representação do Chac Mool.

Chac Mool. No verso: "Chichén Itzá, Templo del dios recostado. Figura".

No verso: "Ruínas de Chichén Itzá, Yucatán. Cabeça monumental de serpente que pertence à armadura da escada norte de 'El Castillo'".

No verso: "Uxmal, Yucatán. El templo del Adivino".

Coluna com relevos. Chichén Itzá, Yucatán.

Pedra lavrada no Templo de los Danzantes. Monte Albán, Oaxaca.

450 Pedra com relevos pré-hispânicos.

Fachada do Anahuacalli.

Interior do Anahuacalli.

Cão de Colima, da coleção de Diego Rivera.

Trabalhadores do Anahuacalli com cachorros xoloitzcuintle.

VII

LUTA POLÍTICA

O MUNDO DE FRIDA E DIEGO

Gerardo Estrada

Vasculhar um arquivo pessoal tem muito de indiscreto e, quando se trata de fotografias, também implica certa forma de voyeurismo mórbido, pois por meio das imagens que entesouramos descobre-se o que gostamos de olhar.

A recente abertura das caixas que continham o que genericamente poderíamos chamar os "arquivos pessoais" de Frida Kahlo e Diego Rivera – e que permaneceram ocultos desde a morte de Diego, durante mais de cinquenta anos – permitiu conhecer múltiplos detalhes da vida dessas figuras. Da mesma forma, proporcionou uma aproximação mais íntima aos afazeres e preocupações cotidianas de ambos os artistas.

Entre esses documentos, os de caráter fotográfico ocupam um lugar privilegiado por seu volume e conteúdo. Constituem uma vasta paisagem que abrange, em primeiro lugar, a vida familiar de Frida. As fotografias foram realizadas em grande parte por seu pai, Guillermo Kahlo, que – como bem se sabe – era um profissional do ramo. O fato de que ele as tirasse acrescenta qualidade e refinamento às imagens. Porém, quanto a seu conteúdo, não deixam de ser as fotografias tradicionais que toda família – dependendo de seu nível social – guarda, em maior ou menor medida, entre seus tesouros desde que a câmera se popularizou como principal transmissor de nossa memória visual.

Outra parte importante desse arquivo fotográfico refere-se naturalmente à vida social de Frida e Diego: reuniões, passeios e viagens. Destaca-se nesse conjunto tanto a diversidade de interesses como de amigos com os quais Kahlo e Rivera tiveram contato. Constituem este álbum singular de seu habitat natural desde artistas e intelectuais até os *socialites* mais destacados da época, em lugares tão diferentes como Coyoacán (México), Paris e Nova York. Se alguém quisesse fazer um álbum de celebridades daqueles anos, bastaria consultar as mais de seis mil fotografias que integram o arquivo para criar o "Quem é quem" desse período.

De certo modo, esse universo corresponderia a uma visão antecipada do que, nos anos 1960, seria conhecido nos Estados Unidos – particularmente em Nova York – como os *radical chic*. Faz lembrar daquela mistura de figuras que se reuniam em torno das festas do escritor Norman Mailer e onde se juntavam artistas, intelectuais, militantes políticos de esquerda ou de movimentos sociais radicais, ao lado de celebridades do mundo do espetáculo e alguns ricos esnobes.

Evidentemente, não se trata de minimizar o compromisso político de Frida e Diego, nem tampouco de fazer uma consideração frívola. Ao contrário, a diversidade de suas relações sociais ratifica que suas opções ideológicas foram produto autêntico da convicção e não do ressentimento ou da marginalização.

De outra perspectiva, a originalidade e a riqueza testemunhal desse arquivo reside na extensa série de documentos fotográficos que poderíamos situar na fronteira entre os materiais de trabalho e a "iconografia" pessoal. Assim, um grande número de imagens parece corresponder simultaneamente tanto à necessidade de contar com "modelos" ou referências para seu fazer artístico como à de ter a seu lado fotografias daqueles pelos quais tinham admiração ou respeito. Para dizê-lo em termos coloquiais: de quem eram *fãs*.

Se Frida vivesse hoje, certamente seu quarto e seu ateliê estariam repletos de pôsteres ou cartazes, como os de qualquer jovem. Nessa categoria estariam os múltiplos retratos de figuras "revolucionárias" como Francisco Villa, Emiliano Zapata, Augusto César Sandino, Vladimir Lênin, Josef Stálin e Leon Trótski (apesar de tudo...). Em contrapartida, não se pode justificar nesses arquivos a presença de retratos de Porfirio Díaz, José Limantour e Adolf Hitler, e de imagens de manifestações de massa – em particular das juventudes nazistas – senão como referências documentais para a obra de ambos os criadores.

Nessa mesma ordem de ideias e propósitos, encontram-se as múltiplas fotografias – algumas delas tiradas pelos próprios artistas e outras compradas – relativas a paisagens rurais ou fabris. Nessas imagens, revela-se evidente o apreço pelas formas das grandes instalações industriais, em particular as dos altos-fornos de fundições, que, para além de sua função utilitária, são revalorizados como objetos de grande importância estética e cuja presença na obra de Diego foi muito relevante. Isso se comprova nos murais do Instituto de Artes de Detroit.

Outra constante – e talvez a mais significativa – está ligada à paisagem humana, em que os interesses políticos e a sensibilidade social de Frida e Diego tornam-se evidentes. Por um lado, há as obviedades da época e a circunstância de ambas as figuras: os revolucionários mexicanos e russos, os assalariados, uma manifestação na Praça Vermelha de Moscou, um grupo de ginastas russas, operários em fábricas, a maioria são fotos clássicas dos arquivos Casasola e da agência soviética Soyuz – estas últimas curiosamente compradas em Nova York. Há também no acervo excepcionais fotografias *vintage* dos que já eram naquele momento grandes fotógrafos e que estavam entre os amigos do casal Rivera-Kahlo: Manuel e Lola Álvarez Bravo, Edward Weston e muitos outros cuja proximidade mostra o respeito que Frida e Diego tinham pela arte nascente.

O importante nesse conjunto de imagens são as temáticas, os sujeitos que chamam a atenção de ambos os pintores e que são conservados em seu arquivo mesmo quando não fica claro se, em alguns casos, as fotografias foram tiradas por eles ou por outra pessoa. O importante é que estão lá. Assim, encontramos uma curiosa imagem de uns camponeses, evidentemente mexicanos, entrelaçando uma foice com um martelo erguido por um bem-apessoado operário que parece tirado de um filme de propaganda soviética. Também há um retrato enternecedor de três crianças provavelmente russas, vítimas abandonadas ou perdidas na guerra ou na revolução, no meio de uma desolada paisagem.

Há algumas imagens particularmente comoventes. É o caso dos grupos de judeus, ainda com o uniforme dos campos de concentração, a bordo de trem e navio, com medo no rosto, mas certamente esperançosos e a caminho do incipiente Israel.

Nessa paisagem humana, destacam-se, por seu caráter lúdico, algumas fotografias pessoais: Diego portando máscaras antigases daquelas usadas pelos operários que retrataria em seu mural de Detroit, e uma imagem muito curiosa do olho do muralista. Esta está datada de 1936, de próprio punho de Frida, então certamente foi tirada por ela. A imagem associa-se imediatamente à cena de *O cão andaluz*, de Luis Buñuel (1929).

Um aspecto importante que se depreende dessas imagens é que as convicções ideológicas de Diego e Frida nasceram de um processo de aprendizagem intelectual e de uma sensibilização cada vez maior diante da injustiça, da pobreza, da violência, do racismo e, em particular, da situação do México. Apesar do profundo individualismo que costuma caracterizar os artistas, a militância política de ambos era produto de um genuíno sentimento de solidariedade que identificaram com as causas da esquerda.

A autenticidade de seus princípios e a singular autonomia que os caracterizava marcaram-nos como militantes "rebeldes". Daí seus constantes choques com as estruturas do Partido Comunista, e sua simpatia e amizade com Trótski – o que não os impedia, porém, de guardar imagens de Stálin. As fotografias desse arquivo revelam que, como em outros casos de artistas e intelectuais, em Frida e Diego existiu a fidelidade a certos valores mais próximos de uma estética existencial que transcendeu as vicissitudes e o oportunismo da política ocasional.

Esta breve aproximação a uma porção mínima das 6 mil fotografias que compõem o arquivo de Frida e Diego ratifica, por um lado, o que já se sabia sobre eles: suas preocupações sociais e políticas, seu interesse pelo mundo em todos os aspectos. Não obstante, também nos aproxima de pessoas de carne e osso, desprovidas da aura de glória e fama, que viveram nessa época. Isso os torna comuns e próximos de qualquer um de nós. Igualmente confirma que sua grandeza reside não no caráter diferente que pode ter tido sua vida diária, mas em sua capacidade de vivê-la, senti-la e interpretá-la de uma maneira distinta e cheia de beleza.

Esse acervo fotográfico certamente será de grande utilidade para especialistas e críticos que encontrarão as chaves de muitas das obras de Frida e Diego, no que se refere a motivações ou modelos, mas também a filiações, sentimentos, afetos e obsessões. Sem dúvida essas imagens darão lugar a abundantes páginas de novas interpretações e leituras sobre o trabalho de ambos os artistas.

Para o espectador comum sem pretensões, o acervo trará novos motivos de identificação com Frida e Diego. O público em geral compreenderá talvez por que a pintura desses artistas lhe diz tanto e por que se surpreende e admira quando se encontra diante de sua obra. Sobretudo gostará de saber que, assim como qualquer um de nós, esses pintores possuíam um álbum de fotos com seus pais, irmãos, primos e amigos, em poses, situações e atividades não muito diferentes das suas. Talvez descubra que o que há em seus quadros é uma maravilhosa combinação de imaginação com essa realidade que os rodeava. Dessa feliz mistura, irrigada com o talento e a sensibilidade de Frida e Diego, surgiram obras geniais e inesquecíveis que retrataram e deram identidade não só a suas vidas, mas também às de muitos homens e mulheres de outros tempos e outras latitudes.

★

General Porfirio Díaz, presidente do México de 1877 a 1911.

Página 466: General Emiliano Zapata, dedicada por ele próprio ao coronel Felix Riojas, novembro de 1916. Foto: H.J. Gutiérrez.

Página 467: General Venustiano Carranza, presidente do México de 1917 a 1920.

GRAL. EMILIANO ZAPATA.
PROP. ASEGURADA.
FOTO. MEXICO. D.F.

GRALES. VILLA ZAPATA Y GUTIERRES. ENEL CO

…DEL PALACIO NACIONAL.
CASASOLA = FOT.

Forças Federais, c. 1915.

Página anterior: Banquete no Palácio Nacional; sentados, da esquerda para a direita: José Vasconcelos, general Francisco Villa, Eulalio Gutiérrez – presidente interino –, general Emiliano Zapata e Felícitas Villarreal. Cidade do México, 6 de dezembro de 1914. Foto: Agustín V. Casasola.

Revolucionários.

O general Álvaro Obregón com membros da Liga Nacional Camponesa. "Se a reação se empenhasse em levar-nos à luta armada, saiba de uma vez que o povo cobraria muito caro um novo sacrifício" – [discurso do Gal. Obregón, México, D.F., julho 24 de 1927.]" "Obregón de pé junto à sua bandeira. A bandeira do Agrarismo Nacional Tepic, Nayarit, julho de 1927. No verso: "Liga Nacional Camponesa Comitê Nacional Executivo México D.F. Terra e Liberdade".

llevarnos a la lúcha arma=
eblo cobraría muy caro =
urso del Gral. Obegón, Mexico
7.]
CAMPESINA
¡TIERRA
Y
LIBERTAD!
RESTAURANT.

Coronel Francisco Estrada, general nicaraguense
Augusto César Sandino e coronel J. G. Colindres.

Camponeses e operários, representando com a foice
e o martelo o símbolo do socialismo internacional.

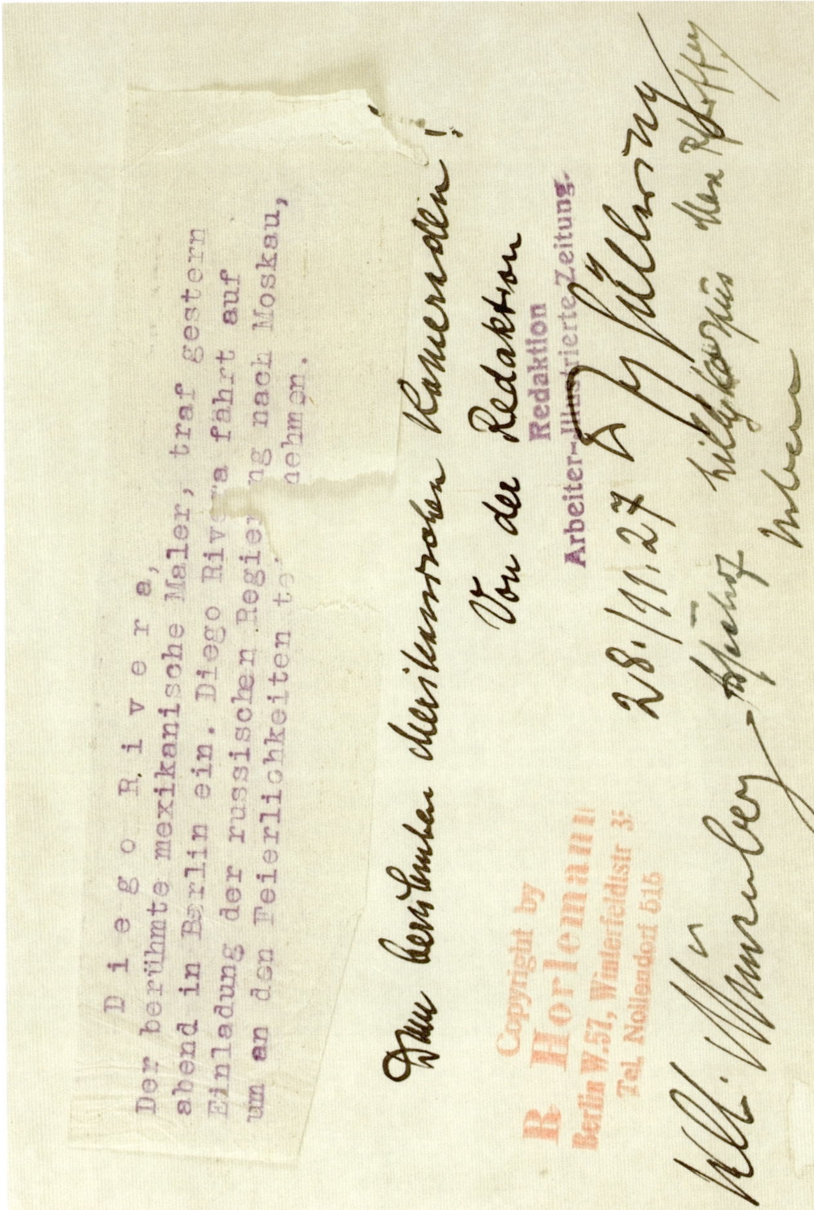
Diego Rivera,
Der berühmte mexikanische Maler, traf gestern abend in Berlin ein. Diego Rivera fährt auf Einladung der russischen Regierung nach Moskau, um an den Feierlichkeiten teilzunehmen.

Dem berühmten mexikanischen Kameraden!
Von der Redaktion
Redaktion
Arbeiter-Illustrierte Zeitung.
28.11.27

Copyright by
R Horlemann
Berlin W.57, Winterfeldtstr 3
Tel. Nollendorf 515

476

Páginas 478-79: Vladimir Ilich Ulianov, Lênin. Soyuzphoto, 1919. Moscou.

Página 480: Leon Trótski.

Página 481: Josef V. Stálin. Desenho do artista B. Kárpov, que serviu de modelo a Frida Kahlo para o quadro *Frida e Stálin*, 1954.

Diego Rivera rumo à URSS. No verso: "O conhecido pintor mexicano chegou ontem a Berlim". Foto: R. Horlemann, Berlim, 28 de novembro de 1927.

Portrait of Lenin taken in 1919.

TROTSKY

J. V. STALIN

Dibujo del artista B. Kárpov

Canto dos pioneiros da URSS dedicado a glorificar o Exército Vermelho e a URSS, c. 1928.

Página anterior: Praça Vermelha, Moscou. No verso: "1º maio 1928".

Símbolo do 10º aniversário da União das Repúblicas Socialistas Soviéticas, 1928.

ЛЕТ
X
ЛЕТ
ЛЕТ
ЛЕТ
ЛЕТ
ЛЕТ

HOUSE
CEM
LEPAGE'S ADHESIVES
hoc est corpus meum
Adolfo Hitler
Mi Lucha

HAGANAH Ship
EXODUS 1947

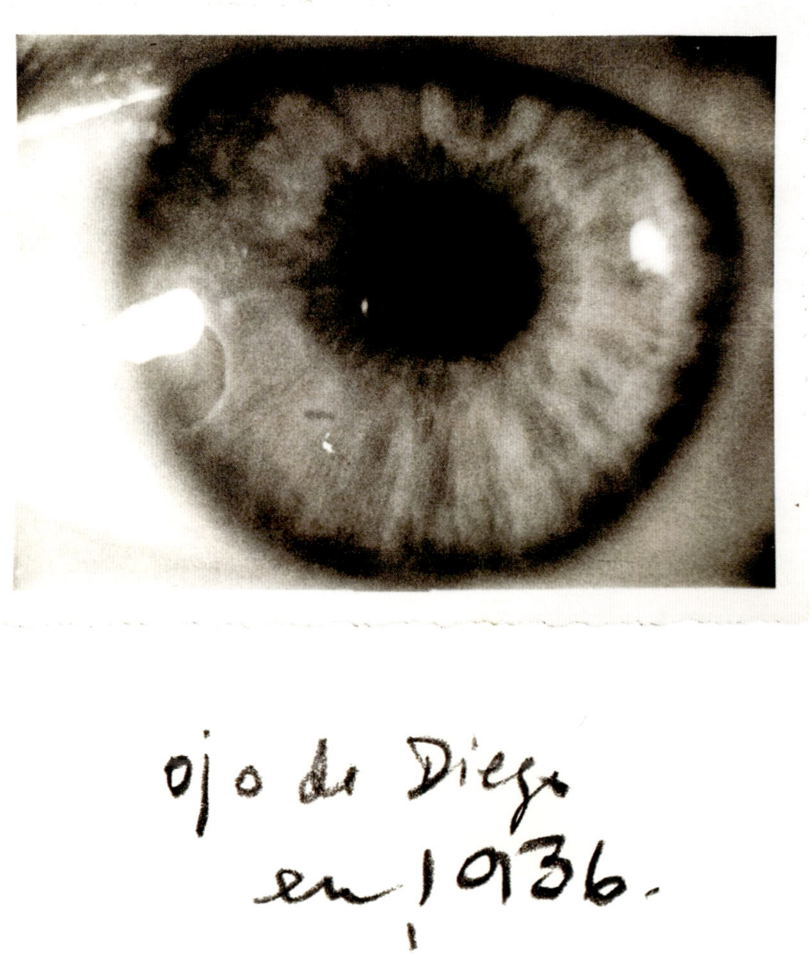

Olho de Diego em 1936.

Páginas 486-87: Jovens soviéticas, c. 1928.

Páginas 488-89: Treinamento militar. No verso: "Boisny......", c. 1928.

Página 490: Aparador com artigos religiosos e o livro de Adolf Hitler, *Minha luta*.

Página 491: Oficiais franceses colaboracionistas, fazendo a saudação nazista. No verso: "C. Strauss, Berlim S W 68 Lindenstraße 87".

Páginas 492-93, no verso: "A Operação Tapete Mágico levou crianças do Yemen para Israel. Elas acabaram de sair do avião no aeroporto de Lydda". Foto do Departamento do Serviço de Informação. Agência Judaica, Jerusalém.

Página 494, no alto, no verso: "O navio de refugiados *Exodus*, que foi interceptado pela patrulha náutica britânica e, após uma breve escala em Haifa, enviado de volta com sua carga humana a Hamburgo. Entre eles havia várias crianças para as quais a organização Youth Aliyah mais tarde reivindicou identificação. Foto: Hans H. Pinn, Tel-Aviv (Israel)".

Página 494, embaixo, no verso: "Um grupo de crianças polonesas refugiadas que chegou à Palestina, após um voo via Pérsia para escapar dos nazistas, em 1943." The Orient Press Photo Co. (Foto Z. Kugler).

Página 495, no verso: "Ainda nas vestimentas do campo de concentração, esses jovens imigrantes estão entre os primeiros a chegar na Palestina, depois da Segunda Guerra", c. 1949. The Orient Press Photo Co. (Foto Z. Kugler). Tel-Aviv, Israel.

Página 499: Detalhe de "Elaboração de bombas de gás venenoso", que faz parte do afresco *A indústria de Detroit ou O Homem e a Máquina*, pintado por Diego Rivera no Instituto de Arte de Detroit, em 1932-1933.

CANISTER

LOOKING FROM MURAL
TO FRONT ENTRANCE

2
KEEP OFF
KEEP OFF
KEEP OFF

D. & S. L 40

Página 500: Diego Rivera com máscara antigases, em seu ateliê de San Ángel, 1938. Foto: Nickolas Muray.

Página 501: Frida diante do esboço do painel central do mural *Unidade Pan-Americana*, no auditório do San Francisco City College, Califórnia, 1940.

Páginas 502-03: "Olhando do mural para a porta de entrada". Instituto de Artes de Detroit, Michigan, c. 1927.

Páginas 504-05: Soldador. Fábrica da Ford, River Rouge, Detroit, Michigan. No verso: "Afrescos de Detroit. Documentação 1932".

Páginas 506-07: Fornos de coque. Fábrica da Ford, River Rouge, Detroit, Michigan. Foto: Charles Sheeler, 1927.

Páginas 508-09: Fábrica da Ford, River Rouge, Detroit, Michigan. Foto: Charles Sheeler, 1927. Detalhe.

Páginas 510-11: Fábrica da Ford, River Rouge, Detroit, Michigan. Foto: Charles Sheeler, 1927. Detalhe.

Página 512: Trabalhador. Fábrica da Ford, River Rouge, Detroit, Michigan. Foto: Charles Sheeler, 1927.

Página 513: Coletor de pó. Fábrica da Ford, River Rouge, Detroit, Michigan. Foto: Charles Sheeler, 1927.

Páginas 514-515: Base de alto-forno. Fábrica da Ford, River Rouge, Detroit, Michigan. Foto: Charles Sheeler, 1927.

Página 516: Central elétrica e transportadoras entrecruzadas. Fábrica da Ford, River Rouge, Detroit, Michigan. Foto: Charles Sheeler, 1927.

Página 517: Fábrica da Ford, River Rouge, Detroit, Michigan. Foto: provavelmente Charles Sheeler, c. 1927.

MUSEO Frida Kahlo Casa Azul
MUSEO DIEGO RIVERA ANAHUACALLI
MUSEO DOLORES OLMEDO
XOCHIMILCO · MÉXICO
ESPACIO DE DIEGO Y FRIDA

© Arquivo fotográfico
Banco de México
Fiduciario en el Fideicomiso relativo
a los Museos Diego Rivera y Frida Kahlo

© Textos
Dos autores

Coordenação editorial Museo Frida Kahlo
Hilda Trujillo Soto
Alejandra López Estrada

Coordenação editorial RM
Isabel Garcés

Tipografia e ajuste de projeto
Gabriela Varela + David Kimura

Pesquisa em arquivo
Maria Elena González Sepúlveda
Nieves Limón Serrano

Pesquisa iconográfica
Leticia Medina Rodríguez

Coordenação de restauro
Noemí Cortés Gallardo

Restauro
Cecilia Salgado Aguayo
Liliana Dávila Lorenzana
Diana Díaz Cañas

Tradução
Gregory Dechant (espanhol ao inglês)
Sandra Luna (inglês ao espanhol)

Revisão e edição
Maria Teresa González

Pré-impressão
Agustín Estrada Pavia

Primeira edição 2010

Título original
Frida Kahlo. Sus Fotos

Edição original publicada em espanhol
Editorial RM, S. A. de C.V.

Coordenação editorial Cassiano Elek Machado e Florencia Ferrari
Composição Gustavo Marchetti
Revisão Cássia Land/Todotipo Editorial e Mariana Delfini

Nesta edição, respeitou-se o novo Acordo Ortográfico da Língua Portuguesa

Dados Internacionais de Catalogação na Publicação (CIP)
(Câmara Brasileira do Livro, SP, Brasil)

Frida Kahlo: Suas fotos/Pablo Ortiz Monasterio (org.)
Vários autores
Tradução: Gênese Andrade e Otácilio Nunes
Título original: *Frida Kahlo: sus fotos*
São Paulo: Cosac Naify, 2010
524 pp. 401 ils.

ISBN 978-85-7503-705-8

1. Fotografias 2. Kahlo, Frida, 1910-1954 - Crítica e interpretação I. Monasterio, Pablo Ortiz.

10-00559 CDD-779

Índices para catálogo sistemático:
1. 1. Frida Kahlo : Fotografias : Apreciação crítica 779

COSAC NAIFY
Rua General Jardim, 770, 2º andar
01223-010 São Paulo SP
Tel [55 11] 3218 1444
www.cosacnaify.com.br

Atendimento ao professor
[55 11] 3218 1473

Frida Kahlo: Suas fotos foi impresso
no mês de abril de 2010 na Asia Pacific Offset na China.
Foram usadas as fontes das famílias Scala e Scala Sans
desenhadas por Martin Majoor entre 1990 e 1998.

Tiragem de 7 000 exemplares, impressos em
papel Lumi Matt Art, 130 g/m².

★